Arnd Stein

MENTALES TRAINING FÜR SPORTLER

VERLAG FÜR THERAPEUTISCHE MEDIEN ISERLOHN

CIP-Titelaufnahme der Deutschen Bibliothek

Stein, Arnd:
Mentales Training für Sportler:[Stereo-Tiefensuggestion]/Arnd Stein. –
Iserlohn : Verl. für Therapeut. Medien, 1988. & 1 Tonkassette
ISBN 3-89326-159-1

2. Auflage 1991, 5.–6. Tausend
© 1988 by VERLAG FÜR THERAPEUTISCHE MEDIEN, Iserlohn
Printed in Germany. Alle Rechte vorbehalten
Titelfoto/Umschlag: Michael Wawrzyniak, Iserlohn
Musikproduktion: Reiner Burmann, Iserlohn
Satz und Druck: Bomm + Renfordt, Iserlohn
Gesamtherstellung: VERLAG FÜR THERAPEUTISCHE MEDIEN, Iserlohn
ISBN 3-89326-159-1

Mentale Kräfte – Schlüssel zum sportlichen Erfolg

Knisternde Spannung – im Stadion ebenso wie vor den Fernsehgeräten: Elfmeter im Fußballspiel um die Meisterschaft. Eine todsichere Torchance, ein entscheidender Augenblick, greifbar nahe ist der Sieg. Der Schütze legt die Lederkugel auf die Kreidemarkierung, rückt sie zwei-, dreimal zurecht und nimmt Anlauf. Das Stadion hält den Atem an, millionen Augenpaare an den Bildschirmen starren mit beschwörender Eindringlichkeit auf den weißen Punkt in Tornähe, ja befördern den Ball bereits in Gedanken ins Netz. Auch der gegnerische Torwart fixiert ihn, in geduckter Haltung, aufs äußerste gespannt, wie eine Raubkatze zum Sprung bereit. Der schrille Pfiff des Schiedsrichters gibt das Duell frei. Jetzt entscheiden Sekunden über alles oder nichts. Scheinbar locker und lässig trabt der Kicker an, geschickte Körpertäuschung und – Schuß. Während der Keeper blitzschnell ins rechte untere Eck hechtet, nimmt der Ball Kurs auf die linke Torseite. Nur: Er fliegt viel zu hoch – weit über die Querlatte. Ein enttäuschtes Stöhnen geht durchs Stadion und dringt ebenso aus fußballvernarrten Wohnzimmern. »Kläglich versagt!« ereifert sich der TV-Kommentator. Der Elfmeterschütze kann es selbst nicht fassen. Schließlich ist er in dieser Disziplin Spezialist, bestens vorbereitet durch intensives Training. Trotzdem hat er das Duell verloren. Nicht gegen den Mann im Tor, sondern gegen sich selbst – gegen seine Psyche.
Ähnliche Fehlleistungen begegnen uns in allen Sportarten, in Hobbyriegen ebenso wie in der Weltspitze. Da werden beim Tennis »kinderleichte« Bälle ins Netz

geschlagen, eine Eiskunstläuferin strauchelt beim einfachsten Teil ihrer Kür, der Stabhochspringer rutscht ohne erkennbaren Anlaß von der Stange, und dem Golfer will es partout nicht gelingen, aus nächster Nähe die Hartgummikugel in das Loch mit seinen 10,8 cm Durchmesser zu befördern. Immer wieder zeigt sich im Sport, daß die im Training bestens entwickelten Fähigkeiten im entscheidenden Moment des Wettkampfes plötzlich auf der Strecke bleiben. Der Akteur verkauft sich unter Wert, weil zwar sein Körper, also seine Kondition und Technik, nicht aber sein Geist optimal vorbereitet und eingestellt ist. Nervosität, Ablenkbarkeit, negative Gedanken, falsche Zielsetzungen, mangelnde Vorstellungskraft – diese mentalen Bremsklötze und Konzentrationskiller haben schon manchen Pokal, manche Medaille vereitelt. Umgekehrt ist es kein Geheimnis, daß viele Olympiasieger oder Weltmeister (vor allem aus den USA und der UdSSR) schon seit Jahrzehnten offenbar mit großem Erfolg mentale Techniken anwenden – dazu gehört das Genie im 400-m-Hürdenlauf *Edwin Moses* ebenso wie der legendäre vielfache Weltmeister im Eiskunstlauf *Oleg Protopopow*. Es steht also außer Zweifel, daß die psychische Verfassung, d. h. die »mentale Form« des Sportlers seinen Erfolg genauso mitbestimmt wie körperliche Fitneß und technische Fertigkeiten. Liegt es da nicht auf der Hand, in sein Trainingskonzept auch den mentalen Bereich mit einzubeziehen?

Jedoch: Nur wenige Trainer befassen sich gezielt mit diesem Arbeitsfeld. Und: Eine sportpsychologische Betreuung ist eher die Ausnahme. So müssen Sie zwangsläufig Eigeninitiative ergreifen. Die Stereo-Tiefensuggestion kann Ihnen dabei in dreifacher Weise behilflich sein: Als psychoregulatives Verfahren übt sie völlig mühelos eine verblüffend entspannende Wirkung aus, als Suggestionsmethode programmiert sie Ihr Unbewußtes mit zahlreichen konzentrations- und leistungsfördernden Suggestionen, und schließlich bietet sie im Zustand tiefster Entspannung einen Freiraum zur Entfaltung »innerer Bilder«, also eine ideale Möglichkeit, jede Phase Ihrer sportlichen Tätigkeit in Ihrer Vorstellung bewußt oder auch unbewußt auszuüben. Doch bevor Sie zur Kassette greifen, sollten Sie unbedingt auch die folgenden Seiten gründlich lesen. Denn hier finden Sie ebenso wichtige wie interessante Informationen über den Sinn, die Wirkungsweise und die konkreten Anwendungsmöglichkeiten mentaler Techniken.

1. Mentales Training

Der Begriff »mental« ist von dem lateinischen Wort »mens« abgeleitet, das soviel wie Geist, Verstand, Intellekt bedeutet. Der Begriff umfaßt also Dinge, die sich im Kopf abspielen. Mentaltraining ist demnach das theoretische Gegenstück zum praktischen Training. Einige Wissenschaftler verstehen darunter ausschließlich das Erlernen und Verbessern eines Bewegungsablaufs durch *intensives Vorstellen*. Das ist zwar ein zentraler Bestandteil des mentalen Trainings, doch eigentlich gehören weitere Aspekte hinzu: zum einen sprachliche Instruktionen, die in der Regel vom Trainer oder Lehrer gegeben und vom Akteur zunächst gedanklich umgesetzt werden, zum anderen Beobachtungsübungen. Überdies ist zu bedenken, daß alle praktischen *und* mentalen Anstrengungen zur Verbesserung von Technik und Taktik herzlich wenig nützen, falls im

Augenblick des Wettkampfes die Nerven versagen. So halten wir es für unbedingt notwendig, auch den gezielten Aufbau bzw. die Festigung bestimmter *innerer Einstellungen* in das mentale Training einzubeziehen.

a) Beobachtungslernen

Erinnern wir uns noch einmal an den verschossenen Elfmeter. Der aufmerksame, fachkundige Zuschauer erkannte natürlich sogleich die Ursache des Dilemmas. Anstatt mutig und konsequent »in den Ball hineinzugehen«, zögerte der Schütze schon vor dem Ballkontakt. Unbewußt wehrte er sich offenbar gegen diese »Exekution« – nicht aus humanitären Gründen, sondern aus Angst vor dem Mißerfolg. Seine innere Abneigung gegen diese unangenehme Pflicht steuerte im wahrsten Sinne des Wortes seine Körperhaltung: Er lehnte sich zurück – und prompt ging der Ball »in die Wolken«. Eine klare optische Information für alle zuschauenden Kicker: *So* nicht! Ein Stück Beobachtungslernen also. Der Unglücksrabe konnte später jede Phase seines Mißgeschicks per Videoaufzeichnung verfolgen, in Zeitlupe und mit Standbildern – und entsprechende Lehren daraus ziehen. Denn auch Feedback und begleitendes Beobachten, die ja durch unmittelbare Vorführungen des Lehrers ohnehin zur Norm eines guten Trainings gehören, sind wesentliche Bestandteile mentaler Arbeit. So kann jeder Sportler z. B. die TV-Übertragungen oder Lehrfilme seiner Sportart nutzen, um technische und strategische Abläufe zu studieren und innerlich nachzuvollziehen.

b) Vorstellungsübungen

Gedanken sind frei – auch im Sport. In dieser menschlichen Fähigkeit liegt der Schlüssel zum Kernstück des Mentaltrainings, zur Ausbildung von *Vorstellungen bestimmter Bewegungsabläufe*. Je präziser, intensiver und plastischer diese »Bildfolgen« vor dem inneren Auge ablaufen, desto mehr begünstigen sie den Erfolg praktischer Übungen – das haben zahlreiche wissenschaftliche Untersuchungen eindeutig belegt. Und danach verfahren auch eine Reihe von Spitzensportlern, wie z. B. *Jack Nicklaus,* einer der besten Golfspieler der Welt. Er versichert, daß er nie einen Schlag absolviert, ohne zuvor eine präzise Vorstellung von jeder Phase seines Bewegungsablaufs sowie der Flugbahn des Balles zu entwickeln: »Es ist wie ein Farbfilm. Zuerst ›sehe‹ ich den Ball, wo er meiner Vorstellung nach enden soll: Eine weiße Kugel mitten auf der grünen Wiese. Dann ändert sich die Szene blitzartig, und ich ›sehe‹ wieder den Ball, wie er dorthin fliegt, seine Flugbahn und auch, wie und wo er landet. Dann blendet sich die Szene aus, und als nächstes ›sehe‹ ich mich selbst und meinen Schwung, mit dem ich die vorherigen Bilder verwirklichen will. Erst am Ende dieser kurzen, ganz persönlichen Hollywood-Vorführung wähle ich meinen Schläger und gehe zum Ball.« Gewiß kein übertriebener Aufwand. Schließlich gilt Golf in Fachkreisen als eine der schwierigsten sportlichen Disziplinen überhaupt. Der bekannte Sportpsychologe *Prof. Fritz Stemme* lokalisiert denn auch den wichtigsten Muskel des Golfers zwischen den Ohren: Seinem Gehirn werden absolute Spitzenleistungen abverlangt.

Wie läßt sich aber ein solcher – scheinbar rätselhafter – Einfluß innerer Bilder auf körperliche Vorgänge erklären? Der Physiologe *Iwan Pawlow* hat schon vor Jahrzehnten festgestellt: »Wenn wir an eine bestimmte Bewegung denken – das heißt, wir haben eine kinästhetische Vorstellung – , wird sie von uns unbewußt ausgeführt.« Diese automatisch ablaufende Umsetzung einer Idee in eine meßbare körperliche Reaktion nennt man *ideomotorische Bewegung* – und genau darin liegt das Geheimnis der verblüffenden Wirksamkeit der Vorstellungsübungen. Physiologische Messungen belegen in der Tat, daß bei solchen mentalen Prozessen nicht nur der Geist, sondern auch der Körper des Sportlers rege ist. Die bioelektrische Aktivität jener Muskeln, die in Gedanken bewegt werden, steigt an, entsprechende Nervenbahnen und die zugehörigen Hirnregionen nehmen ebenfalls ihre ganz spezielle Tätigkeit auf. Darüber hinaus signalisieren vegetative Begleitreaktionen (wie Blutdruck, Puls, Atemfrequenz), daß Aktion stattfindet. Während einer Vorstellungsübung treten diese Veränderungen in der Regel aber weniger stark auf als beim praktischen Training. Leicht nachvollziehbar – denn sonst würden die gedachten Bewegungen ja tatsächlich ausgeführt. Besonders interessant ist die Tatsache, daß so gut wie keine physiologischen Effekte auftreten, wenn die vorgestellten Handlungsmuster noch nicht praktisch erprobt wurden. Deshalb profitieren Sportler mit hohem Leistungsniveau mehr vom mentalen Training als Anfänger einer Sportart. Offenbar funktioniert dieses geistig-körperliche Wechselspiel um so besser, je häufiger die jeweils notwendigen neuromuskulären Bahnen durch reale Bewegungsabläufe eingeschliffen wurden.

So haben zahlreiche kontrollierte Experimente gezeigt, daß die Kombination von aktivem und mentalem Training wesentlich effektiver ist als herkömmliche, ausschließlich physische Übungsmethoden – ganz abgesehen von der außerordentlichen Ökonomie geistiger Übungen. Zum Beispiel erhöhte sich die Laufgeschwindigkeit beim 110-m-Hürdenlauf, und beim Weit- sowie Hochsprung stieg die Schnellkraft meßbar an; Basketball-Zielwürfe trafen häufiger ins Schwarze, und Turnübungen gelangen deutlich besser. Vor allem »technische« Sportarten mit hochkomplizierten Bewegungsabläufen (wie Turmspringen, Eis- oder Rollkunstlauf) waren mit kombiniertem Training wesentlich erfolgreicher. Nicht zuletzt ließen sich mit mentaler Hilfe in nahezu allen untersuchten Disziplinen Trainingsrückstände oder verletzungsbedingte Zwangspausen in teilweise erstaunlichem Maße kompensieren.

Um solche ideomotorischen Prozesse unmittelbar nachzuvollziehen, sollten wir noch einmal den »Film« des verunglückten Elfmeters vor unserem inneren Auge abspielen lassen. Stellen Sie sich jetzt einmal möglichst intensiv jenen Sekundenbruchteil vor, in dem der Fußballer gegen den Ball tritt. Würde man in diesem Augenblick die Nerven- und Muskelreaktionen in Ihrem rechten bzw. linken Bein messen, so ließe sich vermutlich ein erhöhtes Aktionspotential ableiten – ein Vorgang, den zahlreiche temperamentvolle Zuschauer auch ohne wissenschaftliche Untersuchungsmethoden am eigenen Leibe beobachten können: Bei aussichtsreichen Torchancen schnellt ihr »Schußbein« wie von einer unsichtbaren Kraft getrieben plötzlich nach vorn. Eine ähnliche Bewegung haben Sie gewiß schon einmal als mitfahrender Autoinsasse vollführt, wenn der Fahrer in kritischer Situation scheinbar zu spät abbremste: Allein der Gedanke »Bremsen!« ließ Ihr rechtes Bein ganz unwillkürlich mit energischem Nachdruck auf ein imaginäres Bremspedal treten.

Eine kleine Vorübung soll Sie nun weiter mit dem ideomotorischen Training vertraut machen: Strecken Sie beide Arme waagerecht und parallel nach vorn aus, schließen Sie die Augen, und wiederholen Sie in Gedanken eindringlich folgende Formel: »Der rechte Arm wird ganz schwer – der linke Arm wird immer leichter. Rechts immer schwerer – links immer leichter.« Je besser Sie sich auf diese Vorstellung konzentrieren, desto verblüffender wird das Ergebnis sein, sobald Sie nach etwa zwei bis drei Minuten »Training« Ihre Augen wieder öffnen und die Position Ihrer Arme betrachten.

Daß mentale Übungen unsere Muskulatur nicht immer nur unterschwellig innervieren, zeigt auch der Bericht des ehemaligen Weltmeisters im Eiskunstlauf *D. Jackson*: »Meine Einbildungskraft hörte nie auf zu arbeiten, auch wenn ich das Eis verließ. Besonders intensiv arbeitete sie in der Nacht, wenn ich nicht einschlafen konnte. Ich konnte stundenlang wachliegen, und in meinen Vorstellungen sah ich Bilder verschiedener Übungen aus meinem Kürprogramm. Ich sah mich selbst Schritt für Schritt im Takt der Musik laufen. Oft war ich so sehr in meine Gedanken vertieft, daß ich unbewußt in den dreifachen Lutz und Salchow ›hineiging‹. Und als ich einen Sprung ›auszuführen‹ versuchte, wäre ich fast aus dem Bett gefallen. Mein Körper führte nämlich dieselben Bewegungen aus, die in den Übungen auf dem Eis auftreten.« Beim Test der Kassette »Mentales Training für Sportler« haben wir nicht selten ähnliche Rückmeldungen erhalten. Ein professioneller Tennisspieler berichtete ebenfalls über eine nachhaltige Trainingsnacht: »Ich habe nicht nur während der Tiefenentspannungsphase der Kassette, sondern auch noch später in meiner Vorstellung Tennis gespielt – so stürmisch, daß dabei fast die Bettfedern durchs Schlafzimmer wirbelten. Das hat mir meine Frau heute morgen erzählt, ich selbst weiß nichts mehr davon.«

Diese Begebenheit ist ebenso bemerkenswert wie aufschlußreich. Denn offenbar erweitert unser standardisiertes Entspannungs- und Suggestionsverfahren das mentale Training um eine weitere Dimension: Zumindest Sportler mit ausgeprägter Vorstellungskraft, also mit einer überdurchschnittlichen Fähigkeit zu visualisieren, können offenbar auch *auf unbewußter Ebene* mental agieren – und damit ohne erlebte Anstrengung ihre gesamte Leistungsfähigkeit steigern.

Es versteht sich von selbst, daß ein derart durchtrainierter Sportler eher mit einer stabileren Psyche, also mit mehr Selbstsicherheit, Zuversicht und Erfolgsmotivation an den Start oder ins Spiel geht als ein weniger geübter Akteur. Und trotzdem: Die bisher dargestellten Trainingsansätze zielen ja primär nur auf die Vervollkommnung konditioneller, technischer und taktischer Fähigkeiten. Die »Moral« des Athleten indes, sein Nervenkostüm und sein Selbstbewußtsein, also letztlich die Garanten für eine optimale Konzentration, können trotz höchster sportlicher Qualifikation – wir haben es schon aufgezeigt – leicht ihren Dienst versagen. Auch für diesen im Training meist vernachlässigten Bereich gibt es aber mentale Kunstgriffe zur Verbesserung der »psychischen Form«. Einige nützliche Tips werden im folgenden Abschnitt aufgezeigt.

2. Mentale Einstellung

Der erfahrene amerikanische Sportpsychologe *Dr. Terry Orlick* – er betreute bislang Spitzensportler in mehr als

25 verschiedenen Disziplinen – hat einige ganz wichtige Regeln für eine optimale mentale Einstellung des Sportlers entwickelt und jahrelang erprobt. In manchen Fällen entschied die Einhaltung dieser psychologischen »Gesetze« über olympisches Gold oder Rückfall ins sportliche Mittelmaß. Sein Grundsatz: »Jeder kann seine beste Leistung erzielen – mit Hilfe seiner mentalen Kräfte.« Hier seine Psychotricks:

a) Persönliche Ziele setzen

1. Schritt: Entscheiden Sie, was Sie erreichen wollen, aber verkaufen Sie sich nicht unter Wert. Und: Träumen Sie ein bißchen. Denn: Ziele, die Sie sich nicht vorstellen können, werden Sie *nie* erreichen. Lassen Sie also Ihrer Phantasie freien Lauf – schaffen Sie sich ein »Traumziel«! Auch wenn Sie es kaum verwirklichen können, baut es jene psychologischen Barrieren in Ihnen ab, die Ihre aktuellen Möglichkeiten beschränken. Jeder Spitzensportler träumt von Meisterschaft und Olympiagold. Das beflügelt seine Motivation.
2. Schritt: Setzen Sie sich nun ein realistisches Nahziel, das Ihre persönliche Wettkampfgeschichte, Ihre gegenwärtigen Stärken und Schwächen und Ihren Wunsch, sich zu verbessern, berücksichtigt. Also: Welche Bestleistung wollen und können Sie innerhalb eines Jahres tatsächlich erreichen?
3. Schritt: Akzeptieren Sie sich selbst – unabhängig vom Erfolg Ihrer Bemühungen. Sie müssen auch bei einem Mißerfolg in der Lage sein, sich als *wertvollen Menschen* und nicht als Versager zu sehen. Selbstverurteilung ist oftmals der Anfang einer verhängnisvollen Mißerfolgskette.

b) Mentale Kräfte konzentrieren

1. Schritt: Machen Sie sich keine Sorgen über Dinge, die sich Ihrer Kontrolle entziehen. Sie können weder das Wetter, noch die Kampf- oder Schiedsrichter, die Reaktionen Ihres bzw. Ihrer Gegner oder des Publikums beeinflussen. Aber: Sie können sich selbst und Ihre Reaktionen kontrollieren. Richten Sie also Ihre Energie voll auf sich selbst und auf jene Ereignisse, die innerhalb Ihrer Einflußmöglichkeiten liegen.

2. Schritt: Geben Sie in jedem Augenblick möglichst 100 Prozent Ihrer gegenwärtigen Fähigkeiten. Üben Sie alle Phasen Ihrer sportlichen Tätigkeit – ganz gleich, welcher Art sie ist – so intensiv wie möglich aus.

3. Schritt: Vergessen Sie *unbedingt* Ihre persönlichen Ziele – also Ihren möglichen Sieg *während* des Wettkampfes oder -spiels. Über Gewinnen oder (und das geschieht viel öfter!) Verlieren nachzudenken trübt Ihren Blick für das, was Sie *tun* müssen, um zu gewinnen. Weltklassesportler motivieren sich gern *vor* einem Wettstreit mit den süßen Träumen eines Triumphes. Doch *während* des Wettbewerbs zielt der Brennpunkt ihrer Aufmerksamkeit allein auf jene unmittelbaren Ereignisse, die sie persönlich im Griff behalten können – z. B. auf die vorbereitete Wettkampfstrategie.

Zwei aufschlußreiche Beispiele: Die Weltklasse-Abfahrtsläuferin *Kerrin Lee* hatte bei ihrem ersten Weltmeisterschaftsrennen ein konkretes Wunschziel. Noch beim Start dachte sie (das ergab die spätere Wettkampfanalyse): »Ich kann meine Zeit leicht um zwei Sekunden verbessern – also werde ich unter den ersten 30 sein.« Sie konzentrierte sich auch *während* des Rennens darauf, anstatt ihren gedanklichen Brennpunkt allein aufs Skilaufen zu richten – und landete auf Platz 52.

Sportpsychologe *Orlick* bereitete sie systematisch auf das nächste Rennen vor und trainierte mit ihr die Konzentration aufs Skilaufen selbst und nicht auf das erhoffte (unbewußt vielleicht auch befürchtete) Ergebnis. Beim nächsten Rennen war die Läuferin wesentlich ruhiger und entspannter – und gehörte bei 120 Teilnehmerinnen zu den besten 20.

Der bekannte amerikanische Arzt und Hypnotherapeut *Milton Erickson* verhalf auf ähnliche Weise amerikanischen Sportschützen zu beachtlichem Erfolg. Mit Hilfe bestimmter hypnotischer Techniken ließ er seine Schützlinge jeweils alle vorangegangenen Schüsse einfach vergessen (man nennt diesen Vorgang *»hypnotische Amnesie«)*, sobald sie erneut anlegten. Auf diese Weise wurde ihre Aufmerksamkeit allein auf diesen einen Schuß zentriert und von jedem tätigkeitsfremden Gedanken (»Hoffentlich wird der nächste Schuß besser!« oder: »Hoffentlich wird er genauso gut!«) abgeschirmt. Das verblüffende Ergebnis: olympisches Gold!

c) Positive Suggestionen

Zweifelnde Gedanken oder negative Selbstsuggestionen zerstören in Sekundenschnelle die mühsam aufgebauten sportlichen Fähigkeiten. Der Körper kann schlecht Spitzenleistungen erbringen, wenn ihm seine Zentrale ständig »Kann nicht!«, »Geht nicht!« oder »Schlecht möglich!« signalisiert. Sicher: Nicht immer helfen positive Suggestionen, aber Selbstzweifel oder -vorwürfe sind *grundsätzlich* destruktiv. Deshalb sollten Sie es sich zur zweiten Natur machen, nur noch aufmunternde, zuversichtliche oder auch beruhigende Gedanken bzw. Äußerungen zuzulassen: »Ich weiß, was ich kann!«, »Ich werde all meine Fähigkeiten voll entfalten!« oder: »Jede Faser meines Körpers, jeder Gedanke ist ausschließlich bei meiner sportlichen Tätigkeit.«

3. Mental topfit – durch Stereo-Tiefensuggestion

Das Suggestionsprogramm »Mentales Training für Sportler« ist aufgrund seiner vielschichtigen Sprachmuster hervorragend geeignet, in Ihnen eine durchweg positive mentale Grundhaltung aufzubauen. Mehr noch: Die Dramaturgie der Kassette zielt in den ersten Minuten allein auf eine psychoregulative Wirkung (ähnlich wie das Autogene Training oder die Progressive Entspannung nach *Jacobson*) und bereitet damit den Boden für eine optimale Akzeptanz der folgenden konzentrations- und leistungssteigernden Leitsätze vor. Alsdann öffnet sich nach etwa 15 Minuten im Zustand tiefster Entspannung ein Freiraum zur Entfaltung visueller Vorstellungsmuster. Das Besondere dabei: Während Sie mental trainieren, werden die einzelnen Phasen Ihrer sportlichen Tätigkeit von »flüsternden Helfern« begleitet (Näheres darüber finden Sie auf S. 36 ff.). Auf diese Weise können sich positive Gedanken im Laufe mehrerer Durchgänge untrennbar mit einzelnen Bewegungsmustern assoziativ verknüpfen. Bei der Anwendung der Kassette sollten Sie darüber hinaus noch folgende Tips beherzigen:

(a) Lassen Sie das Programm zunächst einige Male auf sich wirken, *ohne* dabei in Gedanken zu trainieren. Beobachten Sie Ihre Reaktionen: Bleiben Sie die ganze Zeit wach? Oder nicken Sie zwischendurch mal ein?

(b) Lassen Sie sich von der »Mehrstimmigkeit« der

Suggestionen nicht irritieren. Diese einzigartige Mentaltechnik hat sich in zahlreichen Versuchen als äußerst effizient erwiesen. Nehmen Sie den »Chor« positiver Leitsätze als Selbstverständlichkeit hin, und lassen sie ihn einfach an sich vorbeiziehen – ohne gezielt hinzuhören (vgl. S. 43).

(c) Listen Sie einzelne Trainingsabschnitte auf, und konzentrieren Sie sich in jeder Sitzung auf einen bestimmten Bewegungsablauf. Falls Sie während der Übung einschlafen oder – was wahrscheinlicher ist – in einen Trancezustand sinken, bleibt die entspannende und leistungsfördernde Wirkung der Kassette voll erhalten. Im übrigen ist es nicht unwahrscheinlich, daß Sie Ihr Mentaltraining *auf unbewußter Ebene* durchführen. Eine objektive Kontrolle dieser interessanten Möglichkeit könnte mittels physiologischer Messungen (z. B. Biofeedback) oder Beobachtungen durch eine zweite Person erfolgen.

(d) Kombinieren Sie Ihre mentalen Übungsabschnitte mit entsprechenden aktiven Übungen. Und: Gewöhnen Sie sich daran, auch im Training – falls praktisch durchführbar – *unmittelbar vor* entscheidenden Bewegungsabläufen (z. B. Aufschlag beim Tennis, Stabhochsprung, Elfmeter . . .) das »innere Bild« dieses Vorganges möglichst präzise und plastisch ablaufen zu lassen.

So kann es Ihnen nicht zuletzt mit Hilfe der Stereo-Tiefensuggestion durchaus gelingen, Ihre persönliche Bestleistung zur Norm und höhere Ziele greifbar werden zu lassen.

Stereo-Tiefensuggestion – ein idealer Weg zur Entfaltung unbewußter Möglichkeiten

1. Entstehung des Verfahrens

Der Wunsch nach innerer Ruhe und Zufriedenheit ist so alt wie die Menschheit selbst. Nur: Je höher der Standard einer Zivilisation und je größer der technische Fortschritt, desto geringer ist offenbar die Fähigkeit abzuschalten, sich zu entspannen, kurzum mit sich und der Welt zufrieden zu sein. Die Folgen: Unausgeglichenheit, Gereiztheit, Lebensängste, nervöse Störungen wie Unkonzentriertheit, Spannungskopfschmerzen, Magen- oder Kreislaufbeschwerden. Ein erhöhter körperlich-seelischer Spannungszustand also, der nicht nur eine ungesunde Lebensweise (z. B. Alkohol, Nikotin) begünstigt, sondern auch zu Einschlaf- und Durchschlafschwierigkeiten führen kann und nicht selten die generelle Anfälligkeit für Krankheiten drastisch erhöht.

So werden schon seit Jahrzehnten von Ärzten und Psychologen Entspannungsverfahren empfohlen, die vor allem mit Hilfe sprachlicher Suggestionen nach längeren mentalen oder auch körperlichen Übungen innere Spannungen lösen und somit das Wohlbefinden steigern können. Ein solches Training, das viel Geduld und Ausdauer erfordert, wird vielfach als »richtige Arbeit« oder lästige Pflicht empfunden und deswegen früher oder später wieder aufgegeben.

Aus diesem Grund haben wir nach Möglichkeiten gesucht, Entspannung ohne größere Anstrengung zu erreichen. Anfangs setzten wir sanfte Hintergrundmusik ein, später belebten wir die eher nüchternen

Suggestionen zusätzlich mit angenehmen Phantasiebildern wie Strand, Wiese oder Waldlichtung. Diese beruhigenden Elemente waren in der Entspannungstherapie zwar schon bekannt, aber während unserer Beschäftigung mit modernen Suggestions- und Hypnoseverfahren kristallisierte sich im Laufe der Jahre eine neuartige Variante heraus:

Über Stereo-Kopfhörer wurden *mehrere verschiedene* Suggestionen *gleichzeitig* eingespielt, wobei die Musik eine immer wichtigere Rolle spielte. Schon bald stellte sie keine bloße Untermalung mehr dar, sondern bildete – unter ganz bestimmten Gesichtspunkten komponiert – mit den Worten eine harmonische Einheit. Auf diese Weise entstand die Stereo-Tiefensuggestion, die sich dadurch auszeichnet, daß ihre vielfältigen Sprach- und Klangmuster nicht nur eine äußerst entspannende Wirkung ausüben und zweifelnde sowie grübelnde Gedanken ausschalten, sondern auch für die unterschiedlichsten Lebensbereiche verborgene Kraftpotentiale freisetzen und bislang unbekannte eigene Möglichkeiten entfalten. Aufgrund der Besonderheiten dieser Methode dringen die beruhigenden, aber auch anregenden und ermutigenden Worte viel leichter in »tiefe Schichten« der Persönlichkeit vor und üben dort eine wesentlich intensivere Wirkung aus, als es mit den einfach strukturierten Suggestionen herkömmlicher Verfahren möglich wäre.

Während der mehrjährigen Erprobung der Stereo-Tiefensuggestion stellten wir immer wieder fest, daß viele Versuchspersonen häufig schon bei der ersten Anwendung in tranceartige Entspannungszustände sanken. Um ihnen Gelegenheit zu geben, die Übungen auch in Selbsthilfe durchzuführen, nahmen wir die »Kopfhörer-Sitzung« (in der über Mikrofon noch zu-

sätzlich individuell abgestimmte Texte gesprochen wurden) auf Tonband auf. Die Rückmeldungen waren oft verblüffend: Zu Hause übte die Kassette bei den Klienten die gleiche entspannende und suggestive Wirkung aus wie die Therapiestunde in der psychologischen Praxis. Mehr noch: Auch Familienangehörige, Freunde oder Bekannte, die sich das Band »nur aus Spaß« angehört hatten, berichteten häufig über Entspannungserlebnisse, die ihnen bis dahin völlig unbekannt waren. Und: Bei regelmäßigem Gebrauch der Kassette blieb bei ihnen das Gefühl innerer Ruhe und Gelassenheit immer länger bestehen – bis in vielen Fällen nach einiger Zeit eine anhaltende Verringerung nervöser Spannungen erreicht werden konnte. Auch spezielle Suggestionen zur Verringerung von Ängsten oder chronischen Schmerzen, zur Steigerung der Konzentration oder zum Abbau gesundheitsschädlicher Gewohnheiten (z. B. Rauchen) ließen sich auf diese Weise erfolgreich vermitteln. Damit war eine wichtige Erkenntnis gewonnen: Offenbar lassen sich durch das Medium »Kassette« auch ohne Anwesenheit eines Therapeuten spannungslösende und beruhigende Wirkungen erzielen, quälende Zweifel durch Zuversicht ersetzen und unbewußte Entwicklungsmöglichkeiten entfalten. So haben wir uns schließlich zur Veröffentlichung der Suggestions-Kassetten entschlossen, obwohl gegenüber standardisierten Selbsthilfeverfahren nach wie vor eine (häufig berechtigte!) Skepsis besteht.
So mühelos und angenehm der Umgang mit dieser neuartigen Methode auch sein mag – die Stereo-Tiefensuggestion sollte keineswegs als erquicklicher Freizeitspaß mißverstanden werden. Die Kassette wird nur dann ihre volle Wirkung entfalten können, wenn Sie regelmäßig und systematisch mit ihr arbeiten. Denn:

Auch in dem scheinbar passiven Vorgang der Entspannung sowie in der Aufnahme und Akzeptanz positiver Suggestionen liegt eine beachtliche Konzentrationsleistung, die nicht immer auf Anhieb gelingt, sondern manchmal mit etwas Geduld und Durchhaltevermögen entwickelt und geübt werden muß.

2. Aufbau und Wirkungsweise der Stereo-Tiefensuggestion

Die Musik- und Sprachaufzeichnungen werden im eigenen Tonstudio von einem erfahrenen Toningenieur unter Einsatz modernster Aufnahmetechnik vorgenommen. Darüber hinaus verwenden wir seit 1987 für die Sprachaufnahmen einen Stereo-Kunstkopf, wodurch nicht nur der naturgetreue Eindruck, sondern auch die Trennschärfe der (teilweise) parallel gesprochenen und geflüsterten Stimmen wesentlich erhöht wird. Dieser große technische Aufwand ist keineswegs überzogen oder gar überflüssig. Denn unsere Voruntersuchungen mit zahlreichen Probanden haben immer wieder bestätigt, daß die Wirksamkeit der Kassette nicht zuletzt von ihrer Klangqualität abhängt. Bereits die *einmalige* Überspielung der *Originalkassette* kann aufgrund des zwangsläufigen Qualitätsverlustes erhebliche Einbußen ihrer psychologischen Wirkung mit sich bringen.

a) Die Musik

Ein ganz wichtiger entspannungsfördernder und damit auch suggestionssteigernder Bestandteil der Stereo-Tiefensuggestion ist die Musik – in der Regel eine etwa

Ton-Ingenieur Reiner Burmann und Dr. Arnd Stein bei den Aufnahmen einer Suggestionskassette

dreißigminütige Komposition, die zusammen mit den jeweiligen Suggestionen, Phantasiebildern und Naturgeräuschen eine harmonische Einheit bildet. Nicht nur die charakteristischen Intervalle ihrer Melodieführung, sondern auch ihre wohlklingende Gestaltung und ihr gesamtes ausgewogenes Klangspektrum orientieren sich an natürlichen Tonschwingungen. Auch der Rhythmus der Musik folgt einem natürlichen Prinzip: Für unsere Kassetten gilt grundsätzlich ein genau auf 60 Schläge pro Minute festgelegtes Zeitmaß.

Die therapeutisch arbeitende Musik- und Sprachwissenschaftlerin *Christa Hüber* faßt ihre kritische Untersuchung unserer Soundtracks mit folgenden Worten zusammen: »Die Musik stellt einen offenen Rahmen zur Verfügung, sie ist durchdacht und schlicht in der Struktur, knüpft an Hörgewohnheiten an, ohne stereotype Muster zu bilden. Die Melodie ist einfach, aber sehr ansprechend und eingehend. Die Harmonieführung öffnet immer wieder neue Tonräume, oft durch

einen Wechsel in die Medianten. Das Maß an Veränderung, Gleichem und Neuem ohne Plötzlichkeit ist hervorragend in der Waage gehalten. Die Akkordfolge erlaubt der Psyche das schrittweise Öffnen von neuen Türen zu anderen Harmonien, ohne dem Gleichen zu begegnen, aber auch, ohne daß der Faden des Bekannten reißt. Die motorisch-sanfte Führung der Baßmelodik ist sehr einfach gehalten und prägt somit das Gefühl des Gehens, Stehens oder Verweilens. Die reizvollen Klangfarbenwechsel und Modulationen regen die Phantasie des Zuhörers an, verführen ihn zum Visualisieren. Die Offenheit der Musik wirkt überpersönlich, ohne jemals unpersönlich zu sein.«
Aufgrund dieser besonderen Eigenschaften besitzt allein schon der musikalische Teil der Stereo-Tiefensuggestion eine erstaunliche Suggestivkraft. Nach durchschnittlich 10 bis 15 Minuten pendeln sich bei den meisten Zuhörern Pulsschlag und Atmung, ja auch die Hirnstromkurve (EEG) auf ihren individuellen Ruhe-Rhythmus ein. In umfangreichen psychologischen Tests konnten wir nachweisen, daß unsere Musik bei Erwachsenen, Jugendlichen und Kindern gleichermaßen zu einer ausgeprägteren körperlich-seelischen Entspannung führt als andere vergleichbar ruhige und getragene Titel. Besonders eindrucksvoll: Heranwachsende, die eigentlich einen akzentuierten Disco- oder harten Rocksound bevorzugen, verziehen bei der Darbietung sanfter Orchester- oder Barockmusik widerwillig das Gesicht, lauschen aber ganz andächtig, ja hingebungsvoll, sobald die schwebenden Klangmuster der Stereo-Tiefensuggestion ihr entspannendes Fluidum entfalten.
Sogar auf Ungeborene üben diese Klänge eine beruhigende Wirkung aus, wie eine bemerkenswerte Studie des Iserlohner Gynäkologen *Dr. Harald Lahmann*

belegt: Etwa 40 schwangere Frauen ließen die Musikkassetten »Eins mit der Natur« und »Sonnenlicht« über Kopfhörer auf sich wirken. Das CTG (Cardiotokogramm) signalisierte schon nach fünf bis zehn Minuten bei der Mehrzahl der Ungeborenen einen Schlafrhythmus. Das Erstaunliche: Die Beruhigung des Fötus erfolgte meist unabhängig vom Entspannungsgrad der Mutter – ein Indiz dafür, daß die feinen und leisen Tonschwingungen aus dem Kopfhörer tatsächlich das ungeborene Kind erreichten und von ihm wahrgenommen wurden.

Unsere Musik wird aber nicht nur bei der Geburtsvorbereitung, sondern auch in vielen anderen medizinischen, psychotherapeutischen, pädagogischen und alltäglichen Lebensbereichen angewandt. Mehrere Versuchsreihen in verschiedenen Kliniken haben bestätigt, daß während der Vorbereitung auf eine Operation die gesamte körperlich-seelische Befindlichkeit der Patienten mit Hilfe der Musik wesentlich verbessert werden konnte.

In zunehmendem Maße werden die Musiktitel der Stereo-Tiefensuggestion auch bei Entspannungskursen und gruppentherapeutischer Arbeit sozusagen als angenehmer »Klangteppich« eingesetzt – zum Beispiel beim autogenen Training, bei der Meditation oder bioenergetischen Übungen. Daß auch die sogenannte Suggestopädie sehr gern auf unsere Musikthemen zurückgreift, versteht sich eigentlich von selbst. Schließlich proklamiert der Begründer dieser revolutionären Lernmethode (die in den letzten Jahren unter der Bezeichnung »Superlearning« bekannt wurde), der bulgarische Arzt *Dr. Georgi Losanow,* schon seit mehr als zwei Jahrzehnten die entspannungs- und konzentrationsfördernde Wirkung von ruhiger und getragener Musik, die einem Metrum von

60 Taktschlägen pro Minute möglichst nahekommen sollte. Nur: Fast alle von *Losanow* empfohlenen Barockmusikstücke entsprechen diesem Taktmaß nicht genau. Und: Die von ihm hervorgehobenen konzentrationssteigernden »Schwingungen« eben dieser Musikrichtung wirken sich keineswegs immer günstig auf die Entspannung des Zuhörers aus. In einer aufschlußreichen Studie haben wir verschiedene Barockthemen von Bach, Corelli und Händel unserer Musik gegenübergestellt. Dabei zeigte sich ein interessantes Phänomen: Die Barockmusik führte zwar bei zahlreichen Probanden ebenfalls zu spürbaren Entspannungszuständen, erzeugte jedoch vor allem bei jüngeren Zuhörern häufig Aversionen. Außerdem erwiesen sich diese Musikstücke durchweg als wesentlich zu kurz, um Entspannungszustände ohne störende Unterbrechungen hervorrufen zu können. Offenbar werden unsere Soundtracks in der Suggestopädie vor allem deshalb so gern verwendet, weil man in der gesamten Musikliteratur vergeblich nach einer melodisch angelegten *durchgängigen* Komposition sucht, die etwa 30 (oder zumindest 20) Minuten lang ist und vom ersten bis zum letzten Ton *ganz präzise* ein Taktmaß von 60 Schlägen pro Minute einhält.

b) Die Suggestionen

Von ganz besonderer Wirksamkeit sind die in unserem neuartigen Suggestionsverfahren eingesetzten vielfältigen Sprachmuster sowie Tonfall und Ausdrucksgebung der Stimme. Hierzu schreibt die Therapeutin *Christa Hüber*: »Die Worte sind getragen von Herzlichkeit und Respekt vor dem anderen. Sie lassen dadurch beim Hörer

Sicherheit und Vertrauen entstehen. Er fühlt sich nicht manipuliert, sondern ernstgenommen und gefördert, und spürt, daß seine Integrität und Würde gewahrt bleiben. Die Kassetten treffen sowohl von der Offenheit des Musikalischen als auch in der Art der Suggestionen präzise das, was auf die meisten positiv und hilfreich wirkt.«

Dieser Eindruck wird vor allem durch den Einsatz *nicht-direktiver*, *indirekter* und *bildhafter* Formulierungen geschaffen. Während die »klassischen« Entspannungs- und Hypnosemethoden den Klienten fast ausschließlich mit direkten, häufig formelhaft-stereotypen Anweisungen, Aufforderungen und Ermutigungen möglichst rasch beeinflussen wollen (»Du hörst jetzt nur noch meine Stimme!«), läßt ihm die Stereo-Tiefensuggestion eine größtmögliche Freiheit, die Suggestionen anzunehmen (»Sie sind jetzt frei, abzuschalten und sich mehr und mehr zu entspannen.«) Sie stellt dem *Ich* den notwendigen Raum zur eigenen Entfaltung zur Verfügung und verringert somit von vornherein den Aufbau von Widerständen, die erfahrungsgemäß den Erfolg einer Suggestionsmethode stark beeinträchtigen oder völlig neutralisieren können.

Außerdem werden in unserem Verfahren mögliche Konflikte des Hörers nicht mit beschwichtigenden Worten beiseite geschoben oder »zugedeckt«, sondern im Sinne echter hypnotherapeutischer Arbeit vorwiegend indirekt angesprochen. Allgemeingültige Aussagen ohne unmittelbare Anrede (»Lernen bedeutet Veränderung«) oder Suggestionen in Frageform (»Wissen Sie wirklich, welche Möglichkeiten in Ihnen verborgen sind?«) haben sich als besonders geeignet erwiesen, um sogenannte innere Suchprozesse in Gang zu setzen, die zu echten Problemlösungen führen können.

Ein simples Beispiel macht diesen Vorgang deutlich: Sie wollen über eine bestimmte Person reden, aber Ihnen fällt der Name nicht ein. Sie überlegen, zermartern sich das Gehirn – und je mehr Sie Ihr Gedächtnis krampfhaft unter einen Erinnerungs-Zwang setzen, desto weniger kommt Ihnen der rettende Einfall. Schließlich zucken Sie resigniert mit den Schultern und lenken das Gespräch auf ein anderes Thema. Doch nach ein, zwei Minuten stutzen Sie. Plötzlich – wie ein Blitz aus heiterem Himmel – fällt Ihnen der vergessene Name wieder ein, ohne daß Sie noch einen Gedanken daran verschwendet hätten. Was ist hier geschehen? Während Sie auf *bewußter* Ebene dem Gespräch folgten, lief parallel dazu in Ihnen ein *unbewußter* Suchprozeß ab: Wie ein Computer fand Ihr Gehirn die unauslöschlich gespeicherte Information wieder – eben weil Sie die Suche nicht mehr mit zwanghaften Gedanken behinderten. Ähnlich verhält es sich mit den Alltagskonflikten: Je verkrampfter Sie darüber nachgrübeln, desto weniger will sich eine Lösung einstellen. Sobald Sie Ihre Gedanken jedoch »in Urlaub schicken«, sie am Strand oder auf einer Wiese spazieren gehen lassen, hat Ihr Unbewußtes Zeit und Muße, alle denkbaren Möglichkeiten der Konfliktbewältigung (die Sie zum Teil ja kennen, aber immer wieder ignoriert haben) durchzuspielen. Und plötzlich sehen Sie die Lösung ganz klar und deutlich vor sich – ein »Aha-Erlebnis«, das Ihnen Erleichterung verschaffen und Ihr inneres Gleichgewicht spürbar festigen kann.

So hat der bedeutende amerikanische Arzt und Psychotherapeut *Milton Erickson** während seiner mehr als vierzigjährigen Forschungsarbeit immer wieder nach-

---

* *Erickson, M. H.*: Hypnotherapie. München 1981.

gewiesen, daß sogar schwerwiegende seelische Störungen allein mit Hilfe geschickt eingesetzter *indirekter*, ja beiläufig eingestreuter Suggestionen behoben werden können.

Die intensive Wirkung unserer Kassetten ist aber nicht zuletzt auf ein weiteres ganz wichtiges Merkmal der Stereo-Tiefensuggestion zurückzuführen. Der *gleichzeitige* Einsatz *verschiedener* Suggestionen, die nach ganz bestimmten »Bauplänen« konstruiert sind, übt eine viel intensivere Suggestionskraft aus als die simplen Sprachstrukturen herkömmlicher Verfahren. Dafür gibt es wichtige Gründe:

(1) Die gezielte Ablenkung durch mehrere parallel laufende Stimmen beschleunigt die Ermüdung und vertieft die Entspannung. Dadurch wird die Aufnahmefähigkeit für Suggestionen deutlich erhöht.

(2) Auch gegen *indirekte* positive Suggestionen bauen sich manchmal Widerstände auf. So paradox es klingt – viele Menschen wehren sich unbewußt gegen das, was ihnen eigentlich nützt. Dennoch gelingt es den jahrelang eingeschliffenen negativen, zweifelnden Gedanken vieler Zuhörer nicht, die Worte auf der Kassette in Frage zu stellen oder zu entwerten, eben weil die Suggestionen aufgrund ihrer Vielschichtigkeit diesen pessimistischen »Abwehrriegel« mühelos überlisten können.

(3) Flüsterstimmen, die Ihnen aufgrund der ausgefeilten Studiotechnik im wahrsten Sinne durch den Kopf zu gehen scheinen, bilden eine Art Suggestionsverstärker. Denn geflüsterte Worte besitzen erfahrungsgemäß oftmals eine beschwörende Eindringlichkeit. Sobald man zu flüstern beginnt, ziehen diese »leisen Töne« eine viel größere Aufmerksamkeit auf sich als normal gesprochene

Worte. Außerdem wecken geflüsterte Stimmen (häufig unbewußte) angenehme Erinnerungen an die frühe Kindheit – an die gute Fee und andere Helfer im Märchen oder an sanfte »Einflüsterungen«, mit denen die Mutter ihrem einschlafenden Kind das Gefühl von Wärme und Geborgenheit vermittelt. So ist es gewiß kein Zufall, daß in unseren Experimenten viele Versuchspersonen die von einem Mann geflüsterten Worte einer Sprecherin zuordneten.

(4) Parallel laufende Sprachmuster sind außerordentlich ökonomisch. In derselben Zeiteinheit werden wesentlich mehr positive Botschaften »transportiert«, als es mit den üblichen eindimensionalen Suggestionsmethoden jemals erreichbar wäre.

Diese Vorzüge unseres *mehrdimensionalen* Suggestionsverfahrens zählen aber nur dann, wenn eine *simultane* Erfassung *mehrerer* Stimmen überhaupt möglich ist. Machen Sie doch einmal ein kleines Experiment: Bitten Sie zwei Angehörige, Freunde oder Bekannte darum, sich rechts und links neben Sie zu setzen und Ihnen dann *gleichzeitig* irgendwelche Erlebnisse zu erzählen oder verschiedene Texte vorzulesen. Lassen Sie beide Stimmen auf sich wirken und versuchen Sie, möglichst jedes Wort zu verstehen. Falls verfügbar, lassen Sie nun eine dritte Person hinter Ihrem Rücken, vielleicht eine weitere von vorn sprechen. Jetzt werden Sie ein Phänomen erleben, das man in der Psychoakustik »Cocktailparty-Effekt« nennt: Sie können Ihr Bewußtsein durchaus ganz gezielt auf *eine* Stimme konzentrieren. Jedoch rauschen alle anderen (scheinbar?) ungehört an Ihnen vorbei. Je rascher Sie nun Ihre Aufmerksamkeit von einer zur anderen Stimme springen lassen, desto besser werden Sie sich die jeweiligen Inhalte zusammenreimen können. Nach diesem Mechanismus verfahren Sie beispielsweise auch dann, wenn Sie während eines Gesprächs die Nachrichten im Radio hören – wobei freilich beide Themenkreise nur mit erheblichen Lücken wahrgenommen werden. Lassen diese Beobachtungen und Alltagserfahrungen, die ja dem Wesen der Stereo-Tiefensuggestion entsprechen, die Schlußfolgerung zu, daß eine simultane Erfassung mehrerer verschiedener Stimmen grundsätzlich ausgeschlossen ist? Keineswegs.

In langjährigen Einzelfallstudien und Versuchsreihen haben wir immer wieder festgestellt, daß *unter ganz bestimmten Bedingungen* parallel gesprochene Informationen tatsächlich gleichzeitig erfaßt werden können. Die experimentelle Anordnung erfordert einen gewissen technischen Aufwand. Mehrere durch ein Mischpult verbundene Kassettenrecorder erlauben die gleichzeitige Einspielung von Musik, Naturgeräuschen sowie fünf verschiedenen Stimmen, die sich im Stereo-Panorama beliebig variieren lassen. Darüber hinaus kann der Versuchsleiter den vorproduzierten Sprachablauf noch zusätzlich über Mikrofon mit einer direkt gesprochenen Stimme ergänzen. Die Versuchsperson sitzt dabei in einem bequemen Sessel und nimmt über Kopfhörer das jeweilige Musik- und Suggestionsprogramm wahr. Durch diese spezielle Technik wird ein hohes Maß an Flexibilität und spontaner Kommunikationsmöglichkeit erreicht, so daß die Stereo-Tiefensuggestion in dieser Form auch für die individuelle Psychotherapie nutzbar gemacht werden kann.

Um die Wirksamkeit der simultanen Suggestionen zu testen, wurden in verschiedene (gesprochene und geflüsterte) Sprachmuster gezielte Botschaften eingeflochten und entsprechende objektiv meßbare Reaktionen der Probanden registriert, unter anderem:

- unmittelbare mimische Regungen (z. B. Lächeln)
- motorische Zeichen (z. B. Bewegung der Hand)
- die Wiedergabe von Gedächtnisinhalten (Zahlen, Begriffe)
- konkrete Handlungsanweisungen (z. B. Berühren bestimmter Gegenstände nach der Sitzung)

Die experimentelle Anordnung zur wissenschaftlichen Untersuchung der Stereo-Tiefensuggestion

Die Ergebnisse dieser Untersuchungen sind hochinteressant: Im *Wachzustand* folgten nur wenige Versuchspersonen der einen oder anderen Anweisung, die wahrscheinlich *zufällig* im »Konzert« der Stimmen wahrgenommen wurde. Leiteten wir die Sitzung jedoch mit entspannenden Suggestionen ein, stieg die Häufigkeit der *simultan angeregten* Reaktionen merklich an. Die weitaus besten Resultate erzielten wir immer dann, wenn die Sprachmuster mit unserer Entspannungsmusik unterlegt wurden. Viele Probanden, die auf die einleitende Entspannungsübung überhaupt nicht oder nur mäßig ansprachen, lösten unter dem Einfluß der Musik schon nach wenigen Minuten ihren körperlich-seelischen Tonus. In dieser Versuchsvariante waren auch die meisten jener Teilnehmer, die einen tranceartigen Ruhezustand erreichten – was freilich nicht zuletzt von ihrer individuellen Entspannungsfähigkeit abhing.

Häufig hatten die Versuchspersonen die »Einflüsterungen« bestimmter Reaktionen gar nicht bewußt wahrgenommen – zumindest konnten sie sich nach dem Versuch nicht mehr daran erinnern. Auch das Ausmaß solcher Gedächtnislücken, die in der Wissenschaft als »posthypnotische Amnesie« bezeichnet werden, stand im unmittelbaren Zusammenhang mit dem Grad der Entspannung während des Experiments.

Was können wir nun aus diesen Resultaten folgern? Zunächst einmal bestätigt sich eine fundamentale Erkenntnis der Suggestions- und Hypnoseforschung: Suggestive Kräfte üben auf eine tief entspannte Person eine ungleich stärkere Wirkung aus als Suggestionen im Wachzustand. Dann wurde hier in beeindruckender Weise der außergewöhnlich entspannungsfördernde und damit suggestionssteigernde Einfluß unserer Soundtracks demonstriert. Diese Musik – offenbar eine Art »Trägerwelle« der gesprochenen und geflüsterten Worte – verkürzt nicht nur die Einleitungsphase der Entspannung erheblich, sondern hilft den Zuhörern vielfach auch in entscheidendem Maße dabei, eine bestimmte, für die Wirksamkeit positiver Suggestionen unbedingt notwendige Entspannungstiefe zu erreichen.

Die erstaunlichsten Erkenntnisse unserer Forschungen betreffen die Auswirkungen *mehrerer simultaner* Suggestionen auf das menschliche Verhalten. Wir konnten eindeutig nachweisen, daß Entspannungs- und Trancezustände die akustische Wahrnehmungsfähigkeit deutlich verbessern und die Zuhörer zur *mehrdimen-*

sionalen Informationsaufnahme befähigen – auch wenn diese verblüffende Leistungssteigerung meist unbewußt abläuft. Die simultanen Suggestionen wirken also in der Regel *unterschwellig*, obwohl sie – sobald man gezielt hinhört – jederzeit bewußt wahrnehmbar sind. Damit stellt die Stereo-Tiefensuggestion eine bislang einzigartige Methode dar, mit der eine Fülle von Suggestionen erstaunlich schnell und intensiv in das Unbewußte des »Empfängers« vordringen kann, ohne durch Widerstände oder andere Kontrollmechanismen abgewehrt zu werden.

Zur Lösung dieses psychologischen Problems wurden in den letzten Jahren verschiedene Anstrengungen unternommen, die allerdings mehr vom Schwung der Überzeugung als von wissenschaftlicher Gründlichkeit getragen wurden. Einige amerikanische Psychologen glaubten, das »Ei des Columbus« entdeckt zu haben: Man erinnerte sich an Experimente zur unterschwelligen («subliminalen«) Wahrnehmung, die – zumindest in jüngerer Zeit – schlüssig nachgewiesen haben, daß Sinnesreize auch dann bestimmte Gefühlsreaktionen auslösen können, wenn sie unterhalb der bewußten Wahrnehmungsschwelle liegen. Diese Beobachtungen wurden auch in einer eigenen Untersuchung zur unterschwelligen Darbietung bestimmter Wahrnehmungsmuster bestätigt.* Allerdings wurden in all diesen Experimenten ausschließlich *Schrift- und Bildvorlagen,* also *optische* Reize, für Bruchteile von Sekunden dargeboten. Und zwischen solchen Untersuchungen und der *akustischen* Suggestionsforschung besteht freilich ein gravierender Unterschied, da Sehen und Hören von

---

* *Stein, A.:* Erkundungsaktivität bei einem stufenweisen, zielgerichteten Figurwandel. Unveröffentl. wiss. Arbeit. Ruhr-Universität Bochum 1972.

ganz verschiedenen biologischen und psychologischen Voraussetzungen geprägt werden. Ungeachtet solcher naheliegenden Überlegungen wurden lediglich aufgrund einiger methodisch fragwürdiger Experimente zunächst in Amerika, dann auch in Deutschland Suggestionskassetten mit unterschwelligen Suggestionen (sogenannte »Subliminals«) veröffentlicht. Analog zu den Erkenntnissen der *optischen* Wahrnehmung werden hier sprachliche Beeinflussungen, also *akustische* Reize, unhörbar in eine musikalische Darbietung gemischt – in der Hoffnung, die Worte würden schon irgendwie das Unterbewußtsein des Zuhörers erreichen, ohne daß seine Abwehrmechanismen Widerspruch einlegten.

Wir wollten es genau wissen und haben sowohl in unserem Tonstudio als auch in der psychologischen Praxis mit unterschwelligen akustischen Reizen experimentiert. Die Ergebnisse verschiedener Versuchsanordnungen waren eindeutig: Sobald eine sprachliche Information die jeweilige *subjektive* Hörschwelle der Testpersonen unterschritt oder aufgrund störender Tonfrequenzen in der Geräuschkulisse unterging, ließen sich weder unmittelbare noch irgendwelche späteren körperlich-seelischen Reaktionen feststellen. Die sogenannten »Subliminals« zeigten in unseren Experimenten selbst dann keinen Effekt, wenn hochtrancefähige Versuchsteilnehmer optimale Voraussetzungen zur Aufnahme suggestiver Botschaften mitbrachten – obwohl die elektronischen Meßgeräte deutlich anzeigten, daß die Stimmen – physikalisch gesehen – noch »da« waren.

Aus diesem Grund verzichtet die Stereo-Tiefensuggestion seit jeher auf unhörbare »Einflüsterungen«. Dennoch entfaltet sie ihren deutlich spürbaren positiven Einfluß zweifellos auch »subliminal«, das heißt jenseits der bewußten Wahrnehmung. Sie erreicht dieses erstrebenswerte Ziel einerseits durch ihre außergewöhnliche Tiefenentspannungswirkung und andererseits durch den gleichzeitigen Einsatz mehrerer Stimmen, die trotz ihrer *unterschwelligen* Wirkung jederzeit einzeln wahrnehmbar und damit auch vom kritischen Verstand grundsätzlich überprüfbar sind.

Eine weitere Frage, die bei der Entwicklung von Suggestionskassetten von Bedeutung ist, betrifft die Anrede des Zuhörers. Soll er mit dem in unserem Sprachraum üblichen »Sie« angesprochen werden oder mit dem vertrauteren »Du«? Verstärkt das Personalpronomen »Ich« die Suggestionswirkung, weil es stillschweigend die Akzeptanz der Worte voraussetzt? Oder begünstigen Infinitive (»neue Wege gehen«) die Ja-Haltung des Zuhörers, weil sie einen besonders großen Freiraum zum ungezwungenen Umgang mit Suggestionen öffnen? Wenn Sie die Kassetten der Stereo-Tiefensuggestion daraufhin überprüfen, werden Sie feststellen: Wir verwenden in diesem Verfahren alle vier Anredeformen. Ihre Zusammenstellung erfolgt jedoch keinesfalls zufällig, sondern orientiert sich an den Erkenntnissen aus einer Versuchsreihe, in der uns in erster Linie der subjektive Eindruck der Testpersonen interessierte.

Die Resultate waren recht unterschiedlich und hingen nicht allein von der Anredeform ab, sondern auch von anderen sprachlichen Bedingungen, vom Tonfall der Stimme sowie von ihrer Position im Stereo-Panorama: Für die *Hauptstimme* bevorzugten die Versuchsteilnehmer als Anrede das »Sie«. Das »Du« erlebten vor allem älteren Personen als zu vertraulich, manchmal als distanzlos oder plump. Allerdings: Wenn nach Vertiefung der Entspannung die Hauptstimme fast unmerklich vom »Sie« zum »Du« überging, führte dieser Wechsel – je nach Gestaltung der begleitenden Musik – zu keinen Aversionen mehr. Vielmehr entwickelte sich häufig die Empfindung größerer Vertrautheit oder sogar das angenehme Gefühl, plötzlich »ganz jung und beschwingt« zu sein. Jüngere Zuhörer akzeptierten das »Sie« und das »Du« gleichermaßen. Infinitive wie »ruhig atmen« oder »tiefer sinken« wurden gelegentlich mit Skepsis aufgenommen. Einige Testpersonen erlebten diese Anredeform als sehr autoritär, ja »militärisch«, manchen erschien sie sprachlich unvollkommen oder gar primitiv. Die mit dem Personalpronomen »Ich« eingeleiteten Suggestionen der Hauptstimme wurden vielfach akzeptiert, häufig aber auch als Bevormundung, Gängelung, also als ein unzulässiger Eingriff in die persönliche Freiheit empfunden.

Bei den *Flüsterstimmen* waren die Eindrücke weniger kontrovers: Auch ältere Versuchsteilnehmer hatten hier in der Regel nichts gegen das vertrauliche »Du« einzuwenden. Ebensowenig empfand die Mehrheit das »Ich« als störend. Die Infinitive wurden nicht nur toleriert, sondern als besonders angenehm und entspannungsfördernd empfunden – vor allem dann, wenn sich die Flüsterstimme in einer rhythmischen Links-Rechts-Bewegung (also in Leserichtung) durch den Kopf zu bewegen schien. Überdies experimentierten wir auch mit einer zusätzlichen *normal gesprochenen Stimme,* die im Stereo-Panorama in verschiedenen Positionen angeordnet wurde. Die unterschiedlichen Anredeformen dieser »Nebenstimme« wurden ähnlich bewertet wie die geflüsterten Varianten. Nur: Wenn bei den Bandaufnahmen dieser Stimme nicht ganz sorgfältig auf einen ausreichenden klanglichen und räumlichen Abstand zur Hauptstimme geachtet wurde, nahmen die Versuchspersonen das gesamte Sprachmuster nicht selten als »störendes Durcheinander« wahr. Die günstigste akustische Stereo-Position der »Nebenstimme« lag im hinteren Bereich des Kopfes, etwas nach rechts oder links versetzt. Dabei wurde eine klangliche Verfremdung der Sprache durch einen speziellen Hallraum als besonders wirkungsvoll empfunden. Viele Testpersonen erlebten diese »Hinterkopf-Stimme« immer dann als auffallend intensiv, wenn sie ihre Suggestionen mit dem Pronomen »Ich« transportierte. Typische Rückmeldungen: »Ich hatte den Eindruck, zu mir selbst zu sprechen« oder: »Auf einmal spürte ich, daß es in mir auch positive Gedanken gibt.« Offenbar wird hier die ursprünglich von außen kommende Suggestion zu einem Segment der eigenen Persönlichkeit umgewandelt – ähnlich wie in der Entwicklung des Kindes die Worte der Eltern allmählich zur eigenen »Stimme des Gewissens« werden. Deshalb bezeichnen wir die Inhalte dieser »Nebenstimme« als Transformations-Suggestionen.

Bei der Entwicklung unserer Kassetten nach dem Prinzip der Stereo-Tiefensuggestion versuchen wir, all diese – durch jahrelange praktische Erfahrung gewonnenen – Erkenntnisse zu berücksichtigen:

(1) Die *Hauptstimme* verwendet im ersten Teil *sämtlicher* Kassetten die Anrede »Sie«. Schließlich würden wir uns ja auch bei einer persönlichen Begegnung zunächst kaum duzen.

(2) Auf einigen Kassetten geht die Anredeform der Hauptstimme nach einer bestimmten Zeit zum persönlicheren »Du« über, um im Hörer bestimmte Bereiche des »Kind-Ichs« anzusprechen.

(3) *Flüsterstimmen,* die keine ganzen Sätze, sondern Infinitive oder einzelne Begriffe verwenden (»stärker

werden«, »selbstbewußt«), werden *ausschließlich* in rhythmischer Weise (vornehmlich in einem Links-Rechts-Wechsel) eingesetzt.

(4) *Flüsterstimmen,* die sich vollständiger Sätze bedienen, verwenden die Fürworte »Du« oder »Ich«. Sie sind rechts und links angeordnet oder scheinen sich aufgrund der Hall- oder Kunstkopftechnik durch den Raum zu bewegen. Die geflüsterten »Ich-Suggestionen« sind häufig mit zeitversetzt gesprochenen Transformations-Suggestionen identisch, wodurch die Akzeptanz dieser scheinbar *eigenen* Stimme noch verstärkt wird.

(5) Die normal gesprochene *»Hinterkopfstimme«* setzt meistens erst nach etwa 15 Minuten (in der sogenannten Tiefensuggestionsphase) ein, wenn die Entspannung erfahrungsgemäß ihren tiefsten Punkt erreicht hat. Sie kann verschiedene Anredeformen wählen, erreicht aber erst durch Verwendung des Personalpronomens »Ich« ihren Transformationseffekt.

(6) *Mehrere Hauptstimmen* können die Aufnahme der Suggestionen stören – vor allem, wenn sie sich akustisch überlagern. Deshalb machen wir von dieser zusätzlichen Ablenkungsstrategie nur bei bestimmten Themenkreisen möglichst sparsam Gebrauch, wobei die Tonbandaufnahme eine hohe Trennschärfe der Stimmen gewährleisten muß.

Das auf der folgenden Seite dargestellte Sprachbeispiel veranschaulicht die Vielschichtigkeit und intensive Wirksamkeit der Stereo-Tiefensuggestion. Die hier *nebeneinander* aufgeführten Suggestionen werden *gleichzeitig* gesprochen, so daß der Hörer die gesamte Textpassage in weniger als *einer* Minute aufnehmen kann.

Flüsterstimme links	»Hinterkopfstimme«	Hauptstimme	Flüsterstimme Mitte	Flüsterstimme rechts
Du weißt, was Du kannst. Du spürst Deine innere Stärke immer deutlicher.	Ich entfalte jetzt meine inneren Kräfte. Erstaunlich, welche Möglichkeiten in mir verborgen sind.	Lernen bedeutet Veränderung, neue Wege gehen.	Es macht mir Spaß, zu sehen, wie erstaunt die anderen über mein Selbstvertrauen sind.	Du spürst, wie sich das Tor zu Deinem Unbewußten öffnet – und Du Deine inneren Kräfte entfaltest.
Ist es nicht verblüffend, wie ruhig und ausgeglichen Du Dich fühlen kannst?	Ich bin frei – zu lernen, wie ich manches in meinem Leben verändern kann.	Und es gibt viele Wege, wie Sie Gelassenheit und Zuversicht gewinnen können.	Ich kann meine Wünsche und Bedürfnisse immer besser aussprechen.	Du kannst Dich immer besser durchsetzen – freundlich, aber entschieden.
Erstaunlich, wie viele unbewußte Fähigkeiten und Möglichkeiten Du besitzt.	Es fällt mir immer leichter, klare Entscheidungen zu treffen.	Ist es nicht erstaunlich, wie selbstbewußt und zufrieden Sie sich fühlen können, sobald sich Ihre unbewußten Möglichkeiten entfalten?	Mein Unbewußtes gibt mir den Mut, Entscheidungen zu treffen.	Je mehr Du Deinen inneren Kräften vertraust, desto überraschender werden Deine Fortschritte sein.
Immer, wenn Du an diesen schönen Frühlingstag denkst, kannst Du Dich ausgeglichen und zuversichtlich fühlen.	Es macht mir Spaß, zu sehen, wie erstaunt die anderen über mein Selbstvertrauen sind.	Ihr Selbstvertrauen macht Sie ausgeglichen und zuversichtlich. Ihre Mitmenschen wundern sich über Ihre Unbeschwertheit.	Wirklich erstaunlich, wie gelöst und frei ich mich nach einer Entscheidung fühlen kann.	Ist es nicht ein angenehmes Gefühl, innere Ruhe und Gelassenheit zu erleben?

c) Aufbau der Kassette

Der Ablauf des Verfahrens gliedert sich in vier Abschnitte, die fließend ineinander übergehen:
(1) Einleitung der Entspannung
(2) Vertiefung der Entspannung
(3) Tiefensuggestionsphase
(4) Rückkehr ins »Hier und Jetzt«
Für unsere Suggestionsmethode sind keinerlei Körperübungen (gezieltes Anspannen und Lockern bestimmter Muskelpartien oder *bewußtes* Atmen) erforderlich, sondern die Entspannungsarbeit erfolgt allein auf gedanklicher Ebene. Dabei berücksichtigt die Stereo-Tiefensuggestion die wichtige psychologische Erkenntnis, daß unser Unbewußtes gern in Bildern und Metaphern denkt. So sind die von uns häufig verwendeten Phantasielandschaften (wie z.B. Strand, Meer, Wald, Wiese) mehr als entspannungsfördernde Vorstellungen. Sie haben auch einen suggestiven Symbolcharakter. Dazu schreibt *Christa Hüber:*
»Die Szenenfolge der geführten Traumreisen ermöglichen eine immer weiter vertiefende Wirkung der tranceartigen Zustände. Die Bilder sind plastisch und lebendig, sinnliche Eindrücke werden verstärkt hervorgerufen. Die Szenen zeichnen sich durch annehmend warme Bilder aus. Die Strandlandschaft zeigt mütterliche Seiten: Weite, Ozeanisches, Sonne, Wärme. Schließlich Geborgenheit im weichen Sand, die Sonne streichelt die Haut, sanft angenommen kann das Alte (der alte Tag) versinken. Die grüne Wiese mit bunten Blumen, die Parklandschaft oder die Waldlichtung haben etwas Frisches, irgendwie Kindliches. Vögel singen, ein Bach sprudelt, das Neue kann hier auf wunderbare Weise erfahren werden. Das helle Grün des

Wachsens stützt in der visualisierten Farbe die Frühlingskräfte des Bildes. Mit dem Element des Baumes (das auf vielen Kassetten auftaucht) tritt auch der Vater hinzu – mit den wirklich guten väterlichen Seiten. Ich kann mich anlehnen an den starken Stamm, seine Äste und sein Blätterdach beschützen mich, er gibt mir Kraft. Im Vertrauen auf die eigenen Kräfte Einfluß nehmen auf Veränderungen, dies suggeriert persönliche Stärke und Rückgrat – nicht erstarrt, sondern geschmeidig. Den beweglichen Prozeß zur Eigenständigkeit stützt die gesamte Bildfolge der Traumreise: sanfte Übergänge, die das Neue auf angstfreie Weise – ohne Brüche – einführen. Im Bild des angenehm warmen Frühlings- oder Sommertages kann, positiv angenommen, das Alte untergehen, das Neue erhält wirksam Unterstützung von allen Seiten, wird durch die Natur entfaltet. Dies ist ein Prozeß, der sehr gut zermürbende und destruktive Vorgaben aus der Kindheit abbauen kann. Die Bildfolgen helfen, die Angst vor Veränderung, vor der Biegsamkeit zu verlieren – und nichts anderes sind ja neurotische Strukturen als Härte und Erstarrung einmal entstandener Muster, die dann notgedrungen den immer gleichen schmerzhaften Prozeß zum Kreiseln bringen. So verbindet sich dieses Verfahren letztlich mit dem Traum von Glück und Zufriedenheit, führt aber fort zu einem erfolgversprechenden Ansatz sanft geförderter Entwicklung.«

Nach etwa fünfzehn Minuten erreicht die Entspannungsphase erfahrungsgemäß ihren tiefsten Punkt. Tief entspannt im weichen Gras, am Strand oder in einer anderen angenehmen Umgebung sitzen und träumen, wobei entsprechende Naturgeräusche und ein vielfältiges Klanggewebe leichte und beschwingte Gefühle vermitteln – diese Befindlichkeit ist eine äußerst günstige Basis für die anschließende Tiefensuggestionsphase. Denn in diesem Stadium entwickelt das Unbewußte ja eine besonders hohe Aufnahmebereitschaft für positive »Einflüsterungen«. Wir erwähnten es schon: Je tiefer der Entspannungszustand eines Menschen, desto intensiver und nachhaltiger können Suggestionen seine Gedanken- und Gefühlswelt beeinflussen. Ermutigungen wie: »Erstaunlich, wie viele unbewußte Möglichkeiten Du besitzt.«, bleiben nicht mehr an der Oberfläche (wo sie ja durch skeptische Zweifel wieder entwertet werden könnten), sondern dringen nunmehr in tiefe Schichten der Persönlichkeit vor. Auf unbewußter Ebene entfalten sie ihre Wirkung über die Entspannungsphase hinaus und verstärken nicht nur das Gefühl von innerer Ruhe, Gelassenheit und Zuversicht, sondern können auch das Verhalten (z. B. Rauchen, Ernährung) sowie psychosomatische Reaktionen des Hörers in nachhaltiger Weise beeinflussen.

Über den Rückweg in den Wachzustand schreibt *Christa Hüber*: »Nachdem in der tiefsten Phase der Entspannung sprudelnd das Neue suggeriert wurde – unterstützt und gelockt durch die indirekten Suggestionen, welche die Person bestärken in ihrem unbewußten Suchprozeß nach dem Eigenen – folgt ein sanftes Rückführen über verschiedene Szenenfolgen zum Ausgangspunkt. Die Suggestion des schönen Urlaubstages erleichtert die Integration in den Alltag, stufenweise wird zum Wohlfühlen im erholten Körper, zum ausgeruhten Wachsein im Hier und Jetzt geführt.«

3. Umgang mit der Kassette

Da die Wirkung der Stereo-Tiefensuggestion ganz wesentlich von ihrer stereophonen Gestaltung abhängt, sollten Sie die Kassette *unbedingt* mit einem *Stereogerät* über *Kopfhörer* abspielen. Natürlich können Sie dabei auch einen jener Mini-Recorder verwenden, die im Fachhandel preisgünstig angeboten werden. Dabei sollten Sie allerdings berücksichtigen, daß solche Geräte oftmals eine spürbare Anhebung der hohen Frequenzen bewirken. Achten Sie in diesem Fall darauf, daß der Kopfhörer dicht an Ihren Ohren anliegt. So erhalten Sie ein wesentlich volleres Klangbild.

Hören Sie die Kassette zunächst etwa drei bis vier Wochen lang nur einmal täglich, und beobachten Sie genau, wie Sie darauf ansprechen. Falls Sie zunächst keinen oder nur einen minimalen Effekt wahrnehmen, sollten Sie nicht enttäuscht sein oder gar resignieren. Erfahrungsgemäß brauchen die Suggestionen schon einige Zeit, um sich gegen die oft jahrelang eingeschliffenen negativen Gedanken, gegen Ihre pessimistischen »Programme« durchzusetzen. Sobald Sie das Gefühl haben, daß die gewünschte Wirkung der Kassette eingetreten ist und eine gewisse Beständigkeit erreicht hat, können Sie die Häufigkeit der Suggestionsübungen allmählich verringern und die Kassette schließlich nur noch bei Bedarf – sozusagen als »erste Hilfe für den Notfall« – einsetzen. Schließlich soll die Hilfestellung durch die Stereo-Tiefensuggestion ja kein Dauerzustand sein, sondern Sie dabei unterstützen, letztlich »von innen heraus« Ihre gewünschten Ziele dauerhaft zu erreichen.

Der Erfolg Ihrer Bemühungen ist aber nicht nur von der hohen Suggestivkraft unserer Methode, sondern auch und vor allem von Ihrer inneren Einstellung abhängig. Wenn Sie von vornherein an der Wirkung der Stereo-Tiefensuggestion zweifeln, ist es fraglich, ob die Kassette bei Ihnen mehr auslöst als ein oberflächliches Entspannungsgefühl, das Sie mit Hilfe einer Schallplatte oder einer kurzweiligen Fernsehsendung ebenso erreichen könnten. Um einen wirklich tranceartigen Ruhezustand zu erreichen, sollten Sie möglichst folgende goldenen Regeln beherzigen:

(a) Sagen Sie »ja« zu diesem Verfahren, setzen Sie sich über Ihre möglichen skeptischen Zweifel hinweg, und glauben Sie fest an seine in jahrelangen Tests erwiesene Wirksamkeit.

(b) Bemühen Sie sich *nicht* darum, jedes einzelne Wort bewußt aufzunehmen! Eine solche Anstrengung ist nicht nur überflüssig, sondern für die Entspannung und Suggestionswirkung eher hinderlich. Hören, ohne richtig hinzuhören – darin liegt bei der Stereo-Tiefensuggestion die eigentliche Konzentrationsleistung.

(c) Lassen Sie sich einfach fallen! Auch wenn Sie sich die angebotenen Phantasiebilder nicht plastisch vorstellen können oder sogar eigenen Träumen nachgehen, bleibt die suggestive Kraft dieser Methode voll erhalten.

Sollten Sie am Ende der Kassette plötzlich wie aus einem tiefen Schlaf erwachen, ohne sich an das Gehörte zu erinnern, dann haben Sie den idealen Entspannungszustand erreicht: Sie sind in hypnotische Trance* gesunken, in der eine optimale Aufnahmebereitschaft

---

* Beim Einschlafen durchläuft der Mensch übrigens tagtäglich *kurzfristig* jenen Sektor des Bewußtseins, der als »hypnotischer Zustand« bekannt ist. Mit Hilfe der Kassette ist es möglich, diesen *ganz natürlichen,* äußerst angenehmen Ruhezustand für eine gewisse Zeit zu verlängern.

für Suggestionen besteht. In diesem Fall entwickelt sich häufig eine deutliche Veränderung des Zeitempfindens: Möglicherweise haben Sie das Gefühl, nur für wenige Augenblicke »eingenickt« zu sein oder aber stundenlang geschlafen zu haben.

Falls Sie am Ende der Kassette *nicht* sofort wieder wach werden, dann sind Sie während der Suggestionsübungen eingeschlafen. Gut so! Denn auch in diesem natürlichsten aller Ruhezustände können die Suggestionen ihr Unbewußtes noch erreichen.

Für die Anwendung der Stereo-Tiefensuggestion hat sich der Nachmitttag oder Abend als günstigste Entspannungszeit bewährt. Sie können die Kassette aber auch morgens oder in der Mittagszeit hören. Machen Sie es sich dabei so bequem wie möglich – entweder im Sessel sitzend (wobei Sie *unbedingt* den Kopf anlehnen sollten!) oder im Liegen. Übrigens: Mit einem entsprechenden Adapter lassen sich zwei (oder mehr) Kopfhörer an Ihrem Stereo-Gerät anschließen, so daß Sie die Kassette auch gemeinsam mit Ihrem Partner, mit Freunden oder Bekannten genießen können.

4. Wirkung und Nebenwirkungen

Mehr als 90 % unserer Versuchspersonen bezeichneten die allgemeine Wirkung der Kassetten als »angenehm«, »äußerst wohltuend«, »erstaunlich beruhigend«, »sehr entspannend« oder »innerlich befreiend«. Diese subjektiven Einschätzungen konnten durch physiologische Messungen bestätigt werden. In nahezu allen Fällen nahm der elektrische Hautwiderstand* im Laufe der

---

* Je *größer* der elektrische Hautwiderstand, desto *geringer* die emotionale Erregung.

Sitzung deutlich zu, die Atmung wurde langsamer und tiefer, während der Puls sich etwa auf den Rhythmus der Musik (60 Schläge pro Minute) einpendelte – sichere Anzeichen für eine starke Beruhigung des gesamten Organismus.

Allerdings bewirkt die Kassette gelegentlich zunächst genau das Gegenteil: Erregung statt Ruhe. Wenn Sie solche Reaktionen bei sich selbst wahrnehmen, können Sie das Tonband getrost abschalten und am nächsten Tag einen weiteren Entspannungsversuch unternehmen. Mit etwas Geduld und Durchhaltevermögen gelingt es auch den temperamentvollen und eher »kribbeligen« Naturen, sich mit Hilfe der Kassette wirklich tief zu entspannen. Falls Sie während einer Suggestionsübung plötzlich Wehmut oder Traurigkeit verspüren und Ihnen sogar die Tränen kommen, sollten Sie diese Gefühle nicht unterdrücken, sondern einfach zulassen. Denn: Solche emotionalen Entladungen, die häufig durch verdrängte Kindheitserlebnisse ausgelöst werden, haben eine außerordentlich erleichternde Wirkung.* Fällt es Ihnen jedoch allzuschwer, diese *vorübergehenden* – möglicherweise beunruhigenden – Empfindungen auszuhalten, können Sie selbstverständlich zu jeder Zeit frei entscheiden, ob Sie ins »Hier und Jetzt« zurückkehren wollen, indem Sie das Tonbandgerät abschalten oder den Kopfhörer absetzen und damit die Übung beenden. Doch keine Sorge! Eine solche Unterbrechung ist kein Mißerfolg, sondern – im Gegenteil – eher ein Beweis dafür, daß Ihr Unbewußtes von den Suggestionen besonders stark angesprochen wird. Nur: Sie brauchen halt eine gewisse Eingewöh-

---

* Die »Reinigung« der Seele durch solche Gefühlsentladungen wird in der Psychologie als *Katharsis* bezeichnet.

nungszeit, um sich auf die vielfältigen Sprach- und Klangmuster der Kassette einzustellen.
Dennoch sollte man von der Stereo-Tiefensuggestion keine Wunder erwarten. Körperlich-seelische »Gleichgewichtsstörungen« oder jahrelang eingeschliffene Gewohnheiten können manchmal sehr hartnäckig sein – vor allem dann, wenn innere Widerstände das Unbewußte vor positiven Einwirkungen »abschotten«. Falls die Kassette nach vier bis sechs Wochen bei Ihnen zu keiner wirklich spürbaren Veränderung führt, sollten Sie sich nicht scheuen, eine psychologische Beratungsstelle oder (auch ärztliche) Praxis aufzusuchen. Ganz gleich, welchen therapeutischen Weg Sie wählen, um Ihr Leben in neue, zufriedenstellendere Bahnen zu lenken – die Stereo-Tiefensuggestion kann dazu beitragen, Ihre unbewußten »seelischen Knoten« gemeinsam mit einem fachkundigen Gesprächspartner leichter aufzuspüren und zu lösen. Wir haben immer wieder die Erfahrung gemacht, daß unsere Kassetten in Zusammenarbeit mit Psychotherapeuten oder engagierten Ärzten zu einer ganz erstaunlichen Verstärkung des jeweils angewandten Verfahrens führen können.
Der Arzt *Dr. Bernd Schädel* (Recklinghausen) hat in seiner Praxis einige Varianten der Stereo-Tiefensuggestion in Kombination mit gezielt dosierten Medikamenten getestet. Die Ergebnisse einer mehrjährigen Untersuchungsreihe sind beeindruckend: Bei Patienten mit allgemeiner nervöser Unruhe, Schlafstörungen, verschiedenen Angstsymptomen (z. B. Prüfungsängsten) oder psychosomatischen Störungen (z. B. Kreislaufbeschwerden, Spannungskopfschmerzen, allergischen Reaktionen) führte eine medikamentöse Therapie immer dann wesentlich rascher zu einem dauerhaften Erfolg, wenn die Stereo-Tiefensuggestion als unterstützende

Maßnahme eingesetzt wurde. Dazu *Dr. Schädel*: »Viele Patienten konnten auch allein mit der Kassette ausreichend therapiert werden. Die kombinierte Behandlung ›Medikament plus Kassette‹ hat sich aber in der allgemeinärztlichen Praxis wahrscheinlich aufgrund der Erwartungshaltung der Patienten als besonders günstig erwiesen.«

Über positive Erfahrung mit der Stereo-Tiefensuggestion berichtet auch *Dr. Günter Schütze,* Chefarzt für Anästhesie an den Krankenhäusern Werdohl und Letmathe: »Ich setze die Kassette in der Schmerzambulanz sowie in der Operationsvorbereitung ein. Der Erfolg ist eindeutig: Die Mehrzahl meiner Patienten ist von der Wirksamkeit dieser Methode überrascht. In Kombination mit anderen therapeutischen Verfahrensweisen konnte der Therapieerfolg im Vergleich zu anderen Patientengruppen wesentlich verbessert werden. In manchen Fällen war es sogar möglich, vor der Operation auf die übliche angst- und spannungslösende Prämedikation völlig zu verzichten.«

In eigener psychologischer Praxis hat sich das Prinzip der Stereo-Tiefensuggestion als eigenständiges Verfahren, aber auch in Kombination mit anderen therapeutischen Methoden in verschiedener Weise bewährt:

(a) *Psychologische Gespräche* verlaufen häufig wesentlich ergiebiger, wenn der Klient in einer vorangeschalteten Entspannungsphase von etwa 10 bis 15 Minuten innere Verkrampfungen und äußerungshemmende Blockaden abbauen kann.

(b) Vor allem bei streßbedingten körperlich-seelischen Erschöpfungszuständen (die nicht selten von plötzlich auftretenden Minderwertigkeitsgefühlen und unspezifischen Ängsten begleitet werden) und auch bei vielen psychosomatischen Störungen können oftmals schon *reine Entspannungssitzungen* ganz ohne irgendwelche psychologischen »Eingriffe« das Mittel der Wahl sein. So erspart man sich zeitraubende Analysen, die ja – bei unzureichendem Erfolg bloßer Entspannungsübungen – immer noch möglich sind. Mit der Stereo-Tiefensuggestion läßt sich nach unseren Erfahrungen bei solchen Problemen eine wesentlich bessere Wirkung erzielen als mit anderen Entspannungsmethoden, die wir unter bestimmten Bedingungen mit einigen Modifizierungen ebenfalls in unserer Praxis einsetzen (wie autogenes Training oder progressive Entspannung nach *Jacobson*). Die stärkere Wirkung unseres Verfahrens ist nicht zuletzt darauf zurückzuführen, daß dem Klienten über Kopfhörer parallel zum jeweiligen Suggestionsprogramm zusätzliche entspannungs- und regenerationsfördernde Botschaften vermittelt werden.

(c) Für die Durchführung einiger *verhaltenstherapeutischer Verfahren* ist ein gewisser Entspannungszustand unbedingt notwendig. Zum Beispiel kann der Abbau konkreter Ängste nur dann gelingen, wenn der Klient lernt, der (scheinbar) bedrohlichen Wirklichkeit in zunehmend ruhiger Weise zu begegnen.* Die beliebig einsetzbaren Vorstellungsbilder der Stereo-Tiefensuggestion eignen sich besonders gut dazu, zunächst in der Phantasie spürbare Fortschritte zu erzielen. Eine Übertragung ins »Hier und Jetzt« kann erfahrungsgemäß durch entsprechende Suggestionen begünstigt werden.

(d) Der Entspannungsgrad des Klienten kann in vielen Fällen mühelos bis hin zur *hypnotischen Trance*

---

* Diese Therapieform ist als *»systematische Desensibilisierung«* bekannt.

vertieft werden – was ohnehin bei Anwendung der Stereo-Tiefensuggestion häufig spontan geschieht. So eröffnet sich eine Reihe weiterer therapeutischer Möglichkeiten:

– Die geleiteten Vorstellungsbilder können eigene Phantasien anregen, wodurch oftmals verdrängte Erinnerungen und Gefühle freigesetzt werden.

– Der Klient kann in hypnotischer Trance in jede Entwicklungsstufe seines Lebens bis in seine früheste Kindheit zurückgeführt werden. Diese sogenannte Altersregression ermöglicht ihm eine tiefe Einsicht in die psychologischen Zusammenhänge seiner Probleme und führt gleichzeitig zu einer Befreiung von verdrängten Konflikten.

– Schließlich lassen sich in diesen hypnotherapeutischen Prozeß Suggestionen einflechten, die ihre Wirkung über die Sitzung hinaus behalten können. Diese sogenannten *posthypnotischen Aufträge,* die einen wesentlichen Bestandteil hypnotischer Heilwirkung darstellen, sind mit Hilfe der Stereo-Tiefensuggestion in bislang ungeahnter Vielfalt einsetzbar.

(e) Das Medium »Kassette« hat den großen Vorteil, daß der Klient Teile des therapeutischen Ablaufs zu Hause beliebig oft nachvollziehen kann. Posthypnotische Anregungen, die zumindest zu Beginn einer Therapie in der Regel sehr bald wieder verblassen, können durch Anwendung der Kassette aufgefrischt und verstärkt werden. Damit befinden wir uns genau an jener »Nahtstelle«, an der die Stereo-Tiefensuggestion den Rahmen der psychologischen Praxis verläßt und sich zum eigenständigen Selbsthilfeverfahren zur Bewältigung von Alltagsproblemen emanzipiert.

Die Macht der Suggestion

1. *Programmierung des Unbewußten*

Wir haben gesehen: Durch hypnotische Trance und andere Entspannungszustände wird die Empfänglichkeit für Suggestionen deutlich erhöht. Daß solche »Einflüsterungen« aber auch schon im Wachzustand einen erheblichen Einfluß auf unsere Gefühle, Gedanken und Verhaltensweisen ausüben, verdeutlicht das folgende Beispiel:
Auf dem Weg zur Arbeit. Sie fühlen sich ausgeschlafen und sind in bester Stimmung. An der Eingangstür begrüßen Sie mit strahlendem Gesicht einen Kollegen, der Sie jedoch etwas kritisch mustert: »Haben Sie nicht gut geschlafen? Sie sehen ziemlich müde aus.« Etwas verunsichert gehen Sie weiter und werden wenig später von einem anderen Kollegen in mitleidigem Ton angesprochen: »Sagen Sie, fühlen Sie sich nicht gut? Sie sehen ja richtig krank aus!« Bevor Sie sich wieder gefangen haben, hören Sie die wenig schmeichelhafte Bemerkung: »Sie scheinen ja wirklich urlaubsreif zu sein . . .!« Ein prüfender Blick in den Spiegel: Tatsächlich, Sie haben dunkle Ränder unter den Augen! Außerdem spüren Sie plötzlich einen unangenehmen Druck in der Magengegend. Ihr optimistisches Lächeln ist längst verflogen. Nein, Sie sind überhaupt nicht ausgeschlafen, sondern fühlen sich wie gerädert. Vermutlich eine Infektion. Sie arbeiten noch eine Stunde, wobei Sie immer wieder die besorgten Blicke Ihrer Kollegen wahrnehmen. Dabei fühlen Sie sich immer schlechter, gehen schließlich zu Ihrem Vorgesetzten – und melden sich krank. Was Sie allerdings nicht wußten:

Ihre Kollegen hatten sich abgesprochen, um mit Ihnen ein boshaftes »Spielchen« zu treiben: Man wollte nämlich ausprobieren, ob Sie sich allein durch beiläufige Suggestionen so weit beeinflussen lassen, daß Sie sich regelrecht krank fühlen.

Daß ein solches »Experiment« tatsächlich sein Ziel erreichen kann, ist keineswegs überraschend. Suggestionen üben einen enormen Einfluß auf das körperlich-seelische Gleichgewicht eines Menschen aus. In der Medizin ist beispielsweise längst bekannt, daß eine eigentlich wirkungslose Zuckertablette (ein sogenanntes Placebo) häufig denselben Erfolg erzielt wie ein echtes Präparat – vorausgesetzt, der Patient weiß nichts von diesem »Betrug«.

Suggestionen beeinflussen uns ständig und überall – in der Familie, im Beruf oder im Umgang mit uns selbst. Allein der überzeugte Gedanke: »Mir geht es gut!« und die daraus erwachsenden verstärkenden Rückmeldungen der Umwelt können zu einer spürbaren Verbesserung des Wohlbefindens führen. Trotzdem scheinen Suggestionen mit positivem Inhalt, also Ermutigungen und Anerkennungen, Stiefkinder des menschlichen Miteinanders zu sein. Was hingegen der Erwartung nicht entspricht, wird in allen Schattierungen bemängelt, kritisiert oder schonungslos verrissen. Die Folgen solcher *negativen* Suggestionen: Unsicherheit, Selbstzweifel, mangelndes Selbstwertgefühl, geringes Selbstbewußtsein, kurzum: ANGST!* Die Angst, den vielfältigen Anforderungen des Lebens nicht gewachsen zu sein, die Angst zu versagen, die Angst, von anderen Menschen abgelehnt zu werden. Ein Teufelskreis, der meist schon in früher Kindheit ausgelöst wird. Die

---

* Vgl.: *Stein, A.*: Mein Kind hat Angst. München 1982.

Erziehung als eine wesentliche Ursache aller Lebensängste – im Zeitalter liberaler Pädagogik? Um herauszufinden, wie liberal, sprich (angst)frei die moderne Erziehung wirklich ist, haben wir jahrelang beobachtet und mit zahllosen Kindern und Eltern gesprochen. Der erste Eindruck ist fast immer positiv: Freundlich lächelnde und verständnisvolle Menschen betreten die Praxis – an der Hand ihren »Sprößling«, der stottert oder bettnäßt, Schulschwierigkeiten hat oder Nägel kaut, »bockig« oder »verklemmt« ist, vielleicht sogar über Anzeichen eines beginnenden Magengeschwürs klagt. Gründe für diese (Angst-) Symptome gibt's wahrlich genug: die böse Schule und die schlimmen Nachbarskinder, das Fernsehen* und die Reizüberflutung. »An uns kann es nun wirklich nicht liegen«, meinen die freundlichen und verständnisvollen Eltern im Brustton der Überzeugung. Und es fällt weiß Gott schwer, daran zu zweifeln. Trotzdem: Wir sind skeptisch und bitten um eine genaue Schilderung der kindlichen »Unarten«. Merkwürdig! Bei vielen Eltern verändern sich sogleich die Gesichtszüge. Die Hände beginnen in lebhaften Gesten ein temperamentvoll-aggressives Eigenleben, während die Worte unvermittelt gereizt klingen. Zuweilen richtet sich der drohende Zeigefinger direkt auf uns – als unfreiwillige Angeklagte: »Und glauben Sie ja nicht, daß ich mir so etwas bieten lasse!« Erst ein entwaffnendes »Warum schimpfen Sie denn mit mir?« macht der Mutter oder dem Vater plötzlich den eingeschlagenen Tonfall bewußt. »Aha« geht es uns durch den Kopf, indem wir versuchen, den Entrüstungssturm der Eltern aus der

---

* Vgl.: *Kelmer, O.* / *Stein, A.:* Fernsehen: Aggressionsschule der Nation? Die Entlarvung eines Mythos. Bochum 1975.

Sicht des Kindes zu erleben, »so sieht also das Erziehungsklima in dieser Familie aus!« Klar: Konflikte sollen ausgetragen und nicht unter den Teppich gekehrt werden. Und ein kritisches oder unwirsches Wort ist gewiß nicht der Ursprung aller Ängste. Aber auch hier gilt: Die Menge macht's. Oder genauer: das Verhältnis von Anerkennung und Kritik, von Zuneigung und Ablehnung, also von positiven und negativen Suggestionen.

»Einspruch!« Unser psychologisches Argument gerät ins Wanken: »Unser Kind bekommt doch genug Liebe!« Was soll man darauf antworten? Den Eltern zu unterstellen, sie würden Ihr Kind ablehnen, wäre mehr als boshaft. Ein Gleichnis kann uns weiterhelfen: Sie zahlen jeden Monat auf Ihr Bankkonto 500 DM ein. Nach einem Jahr durchaus eine stolze Summe. Niemand kann Ihr Guthaben in Frage stellen. Oder doch? Ach ja, da war noch eine Kleinigkeit: Jeden Monat haben Sie 5000 DM abgehoben. Fazit: Sie stehen im Soll. Ihr Kredit ist verspielt.

Genauso empfinden es die Kinder, und genauso haben Sie es vor Jahren als Kind empfunden – auch wenn Sie sich daran heute nicht mehr erinnern sollten: Jeder böse Blick, jede gereizte oder ärgerliche Bemerkung, d.h. jede negative Suggestion, wird – mehr oder weniger unbewußt – auf dem »Bankkonto der Erziehung« im Soll verbucht. Jedes aufmunternde Wort wie: »Schön«, »Dufte« oder »Prima«, jede Anerkennung, jedes Lob, d.h. jede positive Suggestion, im Haben. Per Saldo deprimierend: Ob in der Familie oder im Beruf – Lob und Anerkennung sind allzuoft Mangelware. Wer aber ständig vor Augen geführt bekommt, daß er wieder etwas falsch gemacht hat, daß er »unartig«, »faul« oder »dumm« ist, der wird schwerlich ein stabiles Selbstwert-

gefühl und damit ein gesundes Selbstbewußtsein entwickeln können, sondern sich vielmehr früher oder später diese »Untugenden« selbst suggerieren: »Ich tauge ja sowieso nichts!«
Diese bösen Eltern? Nein! Sie waren doch selber Kinder. Und standen im Soll. Auch sie waren viel zu vielen negativen Suggestionen ausgesetzt. Ihre eigenen – häufig verdrängten – Ängste (vor Ablehnung) sind das entscheidende Stück Kind, das sie noch immer in sich tragen und das ihnen allzuoft das Leben verleidet – durch Unzufriedenheit oder Gereiztheit, durch Nervosität oder Schlafstörungen, durch Depressionen oder psychosomatische Störungen. Die scheinbar grundlose Lebensangst des Erwachsenen ist kein rätselhaftes Monster, das ihn heimtückisch überfällt, sondern entpuppt sich somit als Zuwendungs-Defizit aus der eigenen Kindheit, als kindliche Verlassenheits- und Trennungs-, Mißerfolgs- oder Gewissensangst.

2. Angst – die häufigste Ursache körperlich-seelischer Spannungen

Es ist nicht immer leicht, seine eigenen Ängste wahrzunehmen. Denn häufig werden sie verdrängt, manchmal hinter einer besonders »harten Schale« oder auffälliger Aggressivität[*] verborgen, vielleicht auch durch übertriebene Zwanghaftigkeit mehr oder weniger erfolgreich »gezähmt«. Doch um mehr innere Ruhe und Gelassenheit zu finden, kann es sehr hilfreich sein, die verborgenen Spielarten seiner Ängste aufzuspüren, um sich dann gezielt mit ihnen auseinanderzusetzen. Wer

---

[*] Vgl.: *Stein, A.:* Wenn Kinder aggressiv sind. München 1983.

weiß – möglicherweise entdecken Sie im folgenden den einen oder anderen typischen Zug Ihrer Persönlichkeit, den Sie bislang aber noch nie als Angst identifiziert haben.

(a) »Ich kann so schlecht ›nein‹ sagen«

Natürlich ist es eine löbliche Eigenschaft, anderen Menschen in Notsituationen zur Seite zu stehen, über Schwierigkeiten hinwegzuhelfen oder auch nur einen Gefallen zu tun. Allerdings: Viele Menschen sind derart entgegenkommend, daß sie ihre eigenen Wünsche ganz aus den Augen verlieren. Sie gehen häufig den unteren Weg und wollen es jedem recht machen, kurzum: sie können schlecht »nein« sagen. Diese bequemen und angenehmen Zeitgenossen bezeichnet man gern als »gutmütig« oder »umgänglich«. Doch hinter ihrer übertriebenen Nachgiebigkeit steckt auch noch etwas anderes: das besonders starke Bedürfnis, von ihren Mitmenschen akzeptiert zu werden. Und darin schwingt auch die Befürchtung mit, eventuell abgelehnt zu werden. Angst vor Mißbilligung und Zurückweisung – das ist die eigentliche Triebfeder aller »Ja-Sager«.

Falls Sie schlecht »Nein« sagen können, sollten Sie Ihr Durchsetzungsvermögen trainieren: Notieren Sie sich, in welchen Situationen Sie zu nachgiebig sind. Und wagen Sie es einfach, sich zu behaupten. Nicht kratzbürstig, nicht abweisend, sondern freundlich und entschieden. Sie werden feststellen, daß man sich mit einer solchen Konsequenz keinesfalls unbeliebt macht, sondern viel mehr Respekt gewinnt als mit einem halbherzigen »Ja«.

(b) »Das weiß ich aber besser!«

Ob Kochkunst oder Handarbeit, Musik oder Literatur, Sport oder Politik – wohl jeder von uns fühlt sich auf einem bestimmten Gebiet zuweilen als Experte. Es ist ja auch durchaus erstrebenswert, in einer Diskussion seinen Standpunkt zu vertreten und sich in seiner Meinung nicht sogleich beirren zu lassen. Indes: Es gibt auch »Experten«, die immer und überall Bescheid wissen und grundsätzlich recht haben wollen. Jeder Andersdenkende wird von diesen Besserwissern wort- und gestenreich an die Wand gespielt. Hier handelt es sich um starke Persönlichkeiten, sollte man meinen. Doch das Gegenteil ist oft der Fall. Wer keine andere Meinung gelten lassen kann, aus Prinzip widerspricht und meist das letzte Wort behalten will, hat eigentlich Angst – vor der Überlegenheit seiner Mitmenschen. Jedes Nachgeben wird als Schwäche empfunden und wirft Gedanken auf wie z. B.: »Ich bin weniger wert als der andere«.

Weit verbreitet ist eine geschickt getarnte Spielart der Rechthaberei: »Nicht unbedingt« oder: »Ja, aber . . .!« Durch solche grundsätzlich gültigen Redensarten wird die Meinung des anderen zunächst scheinbar akzeptiert, aber sogleich wieder entwertet. Beobachten Sie doch einmal, wie oft Ihre Gesprächspartner oder Sie selbst diese Redewendungen benutzen. So können Sie herausfinden, ob in ihrem Gespräch von der einen oder anderen Seite aus unterschwellige Ängste vor dem Gegenüber mitschwingen.

(c) »Ich hab' keine Lust auszugehen!«

Lesen oder Schreiben, Basteln oder Stricken, Musik hören oder Fernsehen – das gehört zum gemütlichen Feierabend, gewiß. Für manche sind diese Tätigkeiten aber Inbegriff der Freizeit schlechthin.
»Ausgehen macht mir keinen Spaß« sagen sie und stellen sich damit als ruhige, beschauliche oder – wie man auch sagt – introvertierte Zeitgenossen dar. Doch häufig verbirgt sich hinter einem zurückgezogenen Naturell eine »ängstliche Seele«: die Angst vor Menschen oder vor neuen, ungewohnten Situationen. Bis zu einem gewissen Grad ist diese Schwellenangst völlig normal. Der Weg zur Behörde oder zum Arzt, in ein Restaurant oder in einen Ballsaal bedeutet für viele, eine unsichtbare Hürde zu überwinden. Nur: Oftmals nimmt diese Angst überhand, so daß der Betroffene sich immer mehr in sein Schneckenhaus zurückzieht. In extremen Fällen kommt es sogar vor, daß ein Mensch nicht mehr in der Lage ist, den Fuß vor die Tür zu setzen, ohne von heftigen Ängsten überfallen zu werden[*].
Jedoch: Jeder Rückzug in die sicheren vier Wände verstärkt die Schwellenangst. Also muß man versuchen, seine inneren Barrieren konsequent zu überwinden und die angstauslösenden Situationen Schritt für Schritt aufzusuchen. Erst durch systematisches Training (häufig auch nur durch das Aufdecken unbewußter Konflikte) kann man zu der Überzeugung gelangen, daß diese Ängste wirklich völlig unbegründet sind.

---

[*] Diese Form der Angst nennt man in der Psychologie »Agoraphobie«.

(d) »Ich kann ohne dich nicht leben«

Eine Variante der Verlassenheitsangst ist die Trennungsangst. Fast jede Partnerschaft wird mehr oder weniger stark von ihr beeinflußt. Ein zuverlässiger Maßstab dieser Angst ist die Eifersucht. In geringer Dosis als Zeichen echter Zuneigung belebend, kann sie aber auch zur Qual werden, falls sie überhand nimmt. Im Zusammenhang mit Eifersucht spricht man gern von »gekränktem Stolz«, »verletzter Eitelkeit« oder »Rivalität«. Man gesteht sich aber nur ungern ein, unter einer tiefsitzenden kindlichen Trennungsangst zu leiden. In der Tat löst bereits der Gedanke an den Verlust des Partners bei vielen Menschen jene hilflosen Reaktionen aus, die man eigentlich nur von kleinen Kindern kennt. Der dramatische Appell: »Ich kann ohne dich nicht mehr leben!«, den man häufig aus dem Munde eigentlich vernünftiger Erwachsener hört, erscheint somit in einem ganz anderen Licht. Diese »unsterbliche« Liebe, die gern als höchstes Ideal verehrt wird, gerät in einen schlimmen Verdacht: Man entdeckt in ihr plötzlich keine selbstlose Zuneigung mehr, nicht einmal vertraute Anhänglichkeit, sondern vielmehr eine scheinbar lebensnotwendige Abhängigkeit. Und das heißt: eine unverarbeitete kindliche Verlassensheits- und Trennungsangst.

(e) »Hätte ich doch nicht . . .!«

Sie liegen wach im Bett und können einfach keine Ruhe finden. Unzählige Gedanken jagen Ihnen durch den Kopf und kehren in bestimmten Abständen immer wieder, als drehe sich Ihr gesamtes Bewußtsein wie ein riesiges Karussell: »Hätte ich doch nicht . . .!« und: »Ich sollte . . .!« Vorwürfe und Aufforderungen nehmen von Ihrer Gedankenwelt Besitz und klingen so plastisch, als würden sie von einem Unsichtbaren in Ihr Ohr geflüstert. Sie wälzen sich unruhig hin und her und können einfach keinen Schlaf finden. Die Ursache: Schuldgefühle oder – wie man auch sagt – Gewissensangst. Dieser Angst kann man kaum entfliehen, sie verfolgt uns überallhin. Häufig steckt sie so tief in der Persönlichkeit, daß man sie gar nicht erkennt – oder wahrhaben will. Sei es Ordnung oder Leistung, »Anständigkeit« oder Ehrlichkeit – fast immer meldet sich die Stimme des Gewissens, wenn man seine eigenen Ansprüche nicht erfüllt. Der Arbeitswütige ist demnach ebenso ein Opfer seiner Gewissensangst wie der Ordnungsfanatiker.

Das Gewissen entwickelt sich grundsätzlich in der Kindheit. Die elterlichen Normen (und das heißt: tagtägliche Suggestionen!) dringen immer tiefer ins Bewußtsein des Kindes ein, bis sie schließlich sein Verhalten ganz automatisch kontrollieren. Je fordernder und strenger die Erziehung ist, desto größer ist das Risiko, auch noch als Erwachsener unter starker Gewissensangst zu leiden. Einseitig und übertrieben, diese Sichtweise? Das folgende Beispiel zeigt in beeindruckender Weise, wie elterliche suggestive Forderungen auch nach Jahrzehnten unser Unbewußtes beeinflussen können:

Eine 34jährige Lehrerin sucht unsere Praxis auf, weil sie sich in ihrem Beruf überfordert fühlt und mit ihrem Leben »nicht mehr zurechtkommt« – wie man sagt. Obwohl sie jede Unterrichtsstunde gründlich vorbereitet, hat sie ständig das Gefühl, »nicht genug getan« zu haben. Ebenso ergeht es ihr in den drei Volkshochschulkursen, die sie leitet, sowie in ihrer Rolle als Vorsitzende eines kulturellen Vereins: Trotz intensiver Arbeit ist sie mit sich nie zufrieden. Dabei wird sie von ihrer Umwelt als besonders fähig und engagiert geschätzt. Auffällig ist, daß sie schon immer freiwillig Aufgaben und Ämter übernommen und sich damit ständig an die Grenze ihrer Leistungsfähigkeit gebracht hat. Obwohl sie sehr nervös ist und unter Schlafstörungen leidet, wehrt sie sich strikt dagegen, auch nur eine dieser Belastungen aufzugeben: »Damit beweise ich mir doch meine Unfähigkeit!«

»Haben Sie eigentlich als Kind unter Leistungsdruck gestanden?« versuchen wir ihren Hang zum Perfektionismus aufzuklären. Sie verneinte diese Vermutungen entschieden: »Ich war von Anfang an eine sehr gute Schülerin, da hatten es meine Eltern gar nicht nötig, Druck auszuüben!«

Sie ist bereit, mit Hilfe einer hypnotischen Altersregression ihre verdrängten Kindheitserinnerungen wachzurufen und wieder aufleben zu lassen, um etwas mehr Licht in ihre Probleme zu bringen.* Nachdem sie in Trance versetzt ist, erfolgt die Suggestion: »Du bist jetzt neun Jahre alt und im vierten Schuljahr. Heute schreiben wir ein Diktat. Was denkst du dir dabei?«

»Hoffentlich mache ich keinen Fehler!«

»Hast du Angst?«

»Weiß nicht – ich kann gut Diktate schreiben!«

Nun wird die Klientin gebeten, ihre Augen zu öffnen, um das Diktat zu schreiben. Dazu muß man wissen, daß Menschen im Trancezustand ganz typische Verhaltensweisen jener Altersstufe zeigen, die ihnen durch die

---

* Diese erstaunliche Gedächtnisleistung ist in der Wissenschaft als Hypermnesie bekannt.

hypnotische Anweisung vorgegeben wird. Sogar die Handschrift macht die »Reise« in die Vergangenheit mit. Folglich zeigen sich im Diktat der 34jährigen Frau die charakteristischen Schriftzüge einer Neunjährigen. Nach Beendigung der »Klassenarbeit« wird ihr das Ereignis mitgeteilt:
»Du hast keinen Fehler gemacht. Freust du dich?«
»Weiß nicht . . .«
»Was wird dein Vater sagen?«
»Der kümmert sich nicht darum.«
»Und deine Mutter?«
»Die sagt: Dafür konntest du wohl selber nichts! Außerdem muß deine Handschrift besser werden!«
»Hat sie dich noch nie gelobt?«
»Nein – noch nie!«
So entpuppte sich der Perfektionismus eines erwachsenen Menschen als verzweifelter Versuch, (endlich) jene Zuwendung und Anerkennung, d. h. *positive Suggestionen,* zu bekommen, die ihm als Kind versagt blieben.

3. Positiv denken!

Wir haben gesehen: *Negative Suggestionen* »vergiften« unser Unbewußtes und führen häufig zu körperlich-seelischen Spannungen, zu Unzufriedenheit und Gereiztheit, zu Einschlaf- und Durchschlafschwierigkeiten oder zu psychosomatischen Beschwerden wie Magen- und Kreislaufstörungen. Solche meist durch verdrängte Ängste mitbedingten Unlustgefühle werden gern durch eine Reihe von Suchtstoffen und -handlungen besänftigt, aber nicht behoben. Dazu gehören nicht nur Drogen wie Alkohol, Nikotin oder Medikamente, sondern auch vielfältige Ersatzbefriedigungen wie eine erhöhte Nahrungsaufnahme, Flucht in die Arbeit oder auch eine zwanghaft übertriebene Beschäftigung mit geistig-kulturellen Inhalten. Doch selbst wenn Sie bereits seit Jahren oder Jahrzehnten von (unbewußten) Ängsten und den damit eng verknüpften Zwängen geplagt werden und Ihnen negative Gedanken und pessimistische Redewendungen schon fast zur zweiten Natur geworden sind, ist diese »Hypothek« aus der eigenen Entwicklungsgeschichte kein unabänderliches Schicksal. Die Hypnotherapie und andere psychotherapeutische Verfahren beweisen immer wieder: Durch gezielt eingesetzte *positive Suggestionen* kann man die negativen »Programme« eines Menschen allmählich löschen und durch zuversichtliche, optimistische Empfindungen und Gedanken ersetzen. Manch eine Spontanheilung in Hypnose, ja sogar sogenannte »Wunderheilungen«, von denen man zuweilen ungläubig hört oder liest, lassen sich durch solche plötzlich auftretenden »Umprogrammierungen« erklären. Genau an dieser Stelle liegt der entscheidende Ansatzpunkt der Stereo-Tiefensuggestion: Sie will nicht nur vorübergehend Entspannung und Wohlbefinden vermitteln. Sie kann Ihnen vielmehr dabei helfen, Ihre Grundeinstellung zu sich selbst und zu Ihrem Leben zu überdenken und zu ändern – indem sie Ihren Glauben an Ihre reichhaltigen unbewußten Möglichkeiten und Fähigkeiten mehr und mehr entwickelt und festigt.

Für die beratende Unterstützung bei unseren Kunstkopf-Sprachaufnahmen bedanken wir uns bei *Dr. Ing. Christoph Pösselt* (Lehrstuhl für Akustik, Ruhr-Universität Bochum). Das Aufnahmegerät *(AACHENER KOPF)* wurde uns von der Firma *Head acoustics* (Aachen) freundlicherweise zur Verfügung gestellt.

Die STEREO-TIEFENSUGGESTION setzt sich als wissenschaftlich fundiertes und experimentell erprobtes Selbsthilfeverfahren im psychologischen und medizinischen Bereich mehr und mehr durch.

Bücher und Tonkassetten zu einer Reihe weiterer Themen sind in Vorbereitung oder bereits erschienen.
Den musikalischen Hintergrund bilden verschiedene, auf die jeweilige Thematik abgestimmte Kompositionen, die auch als reine Entspannungskassetten erhältlich sind.

Wenn Sie sich über weitere Titel der STEREO-TIEFENSUGGESTION informieren möchten, fragen Sie Ihren Händler oder schreiben Sie an:

VERLAG FÜR THERAPEUTISCHE MEDIEN
Postfach 7213
D-5860 Iserlohn 7

02374-8337